政治学のナビゲーター

An Introduction to Political Science

Kai, Shoko　　Miyata, Tomoyuki
甲斐祥子・宮田智之 著

北樹出版

目　　次

第1章　政治と権力 ………………………………………… 2

　　私が政治家？ ……………………………………………… *2*

　1．政治とは何か ………………………………………… *2*

　　　　（1）政治とは何か *(2)*（2）政治を学ぶこと *(3)*

　2．政治と権力 …………………………………………… *4*

　　　　（1）権力とは何か *(4)*（2）政治と権力：支配の正統性 *(6)*
　　　　（3）政治権力の行使 *(7)*（4）国民主権と権力 *(9)*

　　【コラム：生権力と福祉国家】*(9)*

第2章　民主主義と自由主義 ……………………………… 11

　　民主主義的でないって…… ……………………………… *11*

　1．民主主義を考える …………………………………… *11*

　　　　（1）あるべき姿としての民主主義 *(11)*（2）民主主義のあ
　　　　いまいさ *(12)*

　2．民主主義の起源と発展 ……………………………… *13*

　　　　（1）古代ギリシアの民主政 *(13)*（2）議会制民主主義 *(15)*

　3．自由主義と民主主義 ………………………………… *16*

　　　　（1）自由主義と民主主義 *(16)*（2）積極的自由と福祉国家 *(18)*
　　　　（3）新しい自由主義論 *(19)*

　4．現代の民主主義論 …………………………………… *20*

　　　　（1）民主主義への懐疑 *(20)*（2）民主主義の再定義 *(21)*
　　　　（3）民主主義を比較する *(23)*

　　【コラム：非自由主義的民主主義？】*(21)*

第3章　政治制度 ………………………………………… 24

　　どちらがうまくいく？ …………………………………… *24*

iii

1．権 力 分 立 ……………………………………………… *24*

2．議院内閣制 ……………………………………………… *26*

3．大 統 領 制 ……………………………………………… *28*

4．その他の制度 …………………………………………… *30*

第4章　有権者と選挙 ……………………………………… 34

　　　はじめての選挙 ……………………………………… *34*

1．有権者とは何か ………………………………………… *34*

　　　（1）有権者（*34*）（2）有権者の役割（*35*）

2．有権者の範囲 …………………………………………… *36*

　　　（1）制限選挙から普通選挙へ（*36*）（2）女性の参政権（*37*）
　　　（3）外国人の政治参加（*39*）（4）年齢と参政権（*41*）

3．選挙と民主主義 ………………………………………… *41*

　　　（1）民主主義的選挙の基本原則（*42*）（2）選挙の機能
　　　（*43*）

4．選 挙 制 度 ……………………………………………… *43*

　　　（1）選挙制度の種類とその特色（*44*）（2）日本の選挙制度（*45*）
　　　（3）選挙運動（*46*）

5．現代の有権者と選挙 …………………………………… *48*

　　　（1）投票行動研究：投票に行く理由、行かない理由（*48*）
　　　（2）投票行動研究：選択する理由（*49*）（3）政治的有効感
　　　覚と投票率（*50*）（4）変化する有権者と選挙（*51*）

　　【コラム：政治参加の様々なかたち】（*39*）

第5章　政　　　党 ………………………………………… 53

　　　反 政 党 党 ……………………………………………… *53*

1．政党とは何か …………………………………………… *53*

　　　（1）政党の定義（*54*）（2）政党の機能（*55*）

2．政党の発生と発展 ……………………………………… *56*

（1）政党の発生と発展（56）（2）政党の類型（57）

3．政党の組織 ……………………………………………… 59

　　（1）政党組織（59）（2）議会政党（60）

4．政　党　制 ……………………………………………… 61

　　（1）政党制の類型（61）（2）政党制と政治（63）（3）日
　　本の政党制と選挙制度改革（64）

5．変化する政党と政党制 ………………………………… 66

　　（1）政党の機能不全（66）（2）既成政党批判と変化する政
　　治（67）

【コラム：カルテル政党化と新しい政党の台頭】（68）

第6章　利　益　団　体 ……………………………………… 69

　　利益団体は必要？ ……………………………………… 69

1．利益団体とは何か ……………………………………… 69

2．利益団体の機能・活動様式・政治的資源 ……………… 71

3．利益団体の形成 ………………………………………… 72

　　（1）集合行為問題（72）（2）公共利益団体の場合（74）

4．アメリカの公共利益団体 ……………………………… 75

5．利益団体政治 …………………………………………… 76

　　（1）多元主義（76）（2）ネオ・コーポラティズム（77）

6．シンクタンク・政策専門家 …………………………… 78

　　（1）アメリカ政治とシンクタンク（78）（2）シンクタンク
　　のタイプ（80）（3）シンクタンクを巡る評価（80）

【コラム：国際NGO】（76）【コラム：トランプ政権の異質性】（81）

第7章　議会①：議会制度 …………………………………… 82

　　議事堂見学 ……………………………………………… 82

1．議会の起源 ……………………………………………… 82

目　　次　v

（1）議会の発生（*83*）（2）議会制と民主主義（*83*）

2．議会の仕事 ……………………………………………………… *84*

（1）議会の機能（*84*）（2）議会の役割・権限（*85*）（3）
議会の類型（*86*）（4）二院制（*88*）

3．日本の国会 ……………………………………………………… *89*

（1）国会のしくみ（*90*）（2）立法のプロセス（*91*）
（3）国会に対する批判と対応（*92*）（4）日本の二院制（*94*）

【コラム：変化するイギリスの議会】（*87*）

第8章　議会②：議員・政治家 …………………………………… 96

駅前から議員への道 …………………………………………… *96*

1．議会制民主主義における代表 …………………………… *96*

（1）代表は可能か？（*96*）（2）代表を巡る議論（*97*）
（3）誰が代表になるか（*98*）（4）女性議員（*100*）

2．議員の仕事 ……………………………………………………… *101*

（1）議員の仕事（*101*）（2）議員を動かす力（*102*）

3．日本の国会議員 ……………………………………………… *103*

（1）議員への道（*103*）（2）世襲議員（*105*）

4．議員・政治家の存在意義 ………………………………… *107*

（1）政治家にできること、議員にできること（*107*）
（2）政治家の資質（*108*）

【コラム：国会議員は多すぎるのか】（*108*）

第9章　執　　　政 ……………………………………………………… 110

日本の首相はどこに立っているか ……………………… *110*

1．執政制度とリーダーシップ ……………………………… *110*

2．首相のリーダーシップ …………………………………… *112*

（1）「強い」首相（*112*）（2）首相のリーダーシップに影響
を与える要素（*113*）

3．大統領のリーダーシップ ……………………………… *114*

（1）大統領のリーダーシップの強さ（*114*）（2）アメリカ
大統領のリーダーシップ（*115*）

4．日本の首相のリーダーシップ ………………………… *118*

（1）調整型・牽引型（*118*）（2）「弱い」日本の首相（*119*）
（3）「強い」首相の誕生（*120*）

【コラム：オバマ大統領】（*117*）

第10章　官　僚　制 ………………………………………… 124

官僚は楽？ ……………………………………………………… *124*

1．行政国家化 ……………………………………………… *124*

2．官僚制の概念 …………………………………………… *125*

（1）ヴェーバーの官僚制論（*126*）（2）官僚制の逆機能
（*126*）

3．公務員制度 ……………………………………………… *128*

4．日本の官僚制 …………………………………………… *129*

（1）日本の官僚のタイプ（*130*）（2）官僚の自律性（*131*）

5．国民と官僚 ……………………………………………… *134*

（1）情報公開制度（*135*）（2）オンブズマン（*136*）
（3）NPM型改革（*137*）

【コラム：天下り】（*133*）

第11章　マスメディア ……………………………………… 139

支持率急落！ …………………………………………………… *139*

1．マスメディアと政治 …………………………………… *139*

（1）マスメディアの発達（*140*）（2）マスメディアの役割（*141*）
（3）マスメディアの影響力（*141*）（4）新効果論（*142*）
（5）マスメディアと選挙（*144*）

2．マスメディアと政治家 ………………………………… *145*

目　　次 vii

（1）メディア規制 *(146)*（2）マスメディアを利用する政
治家 *(147)*

  3．日本のマスメディア ……………………………………… *149*

    （1）日本のマスメディアと政治 *(149)*（2）世論と政治 *(151)*

  4．ネット時代のメディアと政治 ………………………… *152*

  【コラム：劇場政治とメディア】*(149)*

第12章　地方自治 ……………………………………………… 155

  市議会議員 ………………………………………………… *155*

  1．地方自治とは ………………………………………… *155*

    （1）地方自治とは *(155)*（2）日本の地方自治制度 *(157)*

  2．地方分権改革 ………………………………………… *159*

    （1）日本の中央―地方関係 *(160)*（2）地方分権改革 *(161)*
    （3）住民参加の地方自治 *(163)*

  【コラム：スター知事？】*(163)*

  引用・参考文献 ………………………………………………… *165*

政治学の
ナビゲーター

政治と権力

> **[私が政治家？]** 大学3年生の天野さんは、テニスサークルの部長である。サークルでは、毎年新入生歓迎の合宿をおこなうのだが、悩ましいのが合宿地の決定だ。昨年は、海派と高原派の対立から、サークルが分裂寸前になってしまったのだ。
> 　天野さんは、作戦を立て、テニスが上手でコーチ役の山口くんと吉村さんに、前もって希望を聞いてみた。二人とも、テニスが思いきりできる高原がよいという意見だったので、高原案を第一候補として提案することにした。ミーティングでは、「磯遊びもできる海」という声も大きかったが、コーチ役が高原派だとわかると高原派が若干優勢になった。そのタイミングで、部長の立場から多数決を提案したところ、皆も採決に同意してくれた。そして、昨年のような混乱もなく、高原での合宿が決まったのだった。
> 　ほっとしている天野さんに、法学部で政治学専攻の加藤先輩が言った。「天野さんって、おっとりしているようで、結構政治がわかっているね。政治家だね」「私が政治家？」今の首相の顔を思い浮かべた天野さんは、ちょっと複雑な気分になった。
> 　そもそも政治とは何なのだろうか。

1. 政治とは何か

政治とは何だろうか。政治学を学びはじめるにあたって考えてみよう。

（1）政治とは何か

政治とは何か。国会議員が議論をしたり、何かを決めたりする、官僚が政策を実行する、首相が他国の首脳と意見を交換する、県知事が県の経済振興

策を打ち出す、等々、政治の名のもとにおこなわれることは多種多様である。また、政治という言葉が、「社内政治」のように、政治の世界以外のところで使われることもある。

　じつは、政治とは何か、という問いかけに、明確な一つの定義をもって答えることは難しい。各人に各様の政治のイメージがあり、そのどれが正しい、と言うこともできないのである。

　ここでは、一応次の定義を紹介しておく。政治とは何のために存在するのか、という視点からの定義として、「政治とは、人々の利害や価値観の対立を調整するものである」。もう一つ紹介するのは、調整のために一定のルールを作ったり、人々が決定に従うようにするため何らかの強制力が発生したりすることにまで注目した、イーストンによる、政治とは「社会に対する価値の権威的配分」という有名な定義である。

　すなわち、政治とは、世のなかに存在する数多くの利害や価値観を調整して、社会の安定を実現し、方向性を定めていく営みである。その意味では、政治は、ニューヨークの国連本部、日本の永田町や霞が関、東京都庁と様々なレベルで繰り広げられるが、それだけでなく、私たちの身のまわりにも存在する。冒頭のコラムの天野さんは、サークルのメンバー間の合宿地を巡る「利害や価値観の対立」を、コーチ役の意向を伝えることによって調整した。さらに、絶妙なタイミングで、部長の立場から採決を提案し、混乱を回避しつつ「高原での合宿」という方向に導いた。そういう意味で、天野さんは、すぐれた「政治家」であると評価しうるのである。

（2）政治を学ぶこと

　政治を定義することが難しいとすれば、政治学を定義することも難しい。政治学のアプローチは非常に多様であり、政治制度、政治過程、政治思想、国際政治、地方政治と多岐にわたるし、歴史、哲学、心理学、社会学、経済学といった他の学問分野とも深く関係している。そのため、政治を学ぶ、と言っても、その一部を知ることができるだけなので、「勉強したがあまりわ

1．政治とは何か　　3

かるようになった気がしない」「何を勉強すればよいのかわからない」「政治学は難しい」といったことになりがちである。

とはいえ、現代は**政治化**の時代である。政治は私たちの日常生活のあらゆる局面にかかわり、私たちの生活は政治によって左右されている。家計、子育て、健康といった家庭内の問題であっても政治はかかわっている。私たちは政治から決して逃れられないと言ってもよい。「政治に関心がない」「政治がわからない」と言って済ますことはできないのである。

そこに、政治を学ぶ意義がある。政治学は、私たちが逃れることができない政治を、よりよいものにするためにはどうすればよいのか、どう考えればよいのかを研究する学問である。民主主義の世界においては、政治の主役は私たちであるのだから、私たち一人一人が、政治について学ばねばならないということである。

■■ 2．政治と権力 ■■

政治は、人々の利害や価値観の対立を調整するもの、と述べたが、その手段として何らかの強制力が必要になる場合が多い。一般に、制度化された強制力のことを権力と呼ぶが、政治においては、この権力が重要な概念となり、政治学においても重要なテーマとして扱われてきた。

（1）権力とは何か

権力とは、「AがBに、Bの意思のいかんにかかわらず、ある行為をさせる力」であるが、政治においてはこれが不可欠である。人々の利害や価値観の対立を調整するのが政治であるが、これはたいていの場合、限られた時間や条件下でなされねばならない。そのため、最終的には多数決といった決定方法がとられることになるが、その結果、決定にほんとうは同意していない人々が一定数生じる。そういった人々も含め、全員を決定に従わせる強制力が権力だからである。前述のサークル合宿の話に戻れば、採決の結果合宿地

は高原と決まった後で、「やはり海がいい。高原だったら行かない」というメンバーを、無理にでも合宿に連れ出すとして、そのために行使されるのが権力である。大学のサークルのような自主的なグループでは、そのような権力の行使はなされないのが普通であろうが、国や地域社会などでは、全員を決定に従わせるために、権力を行使する必要が生じるのである。

　さて、強制力を行使して、決定に従わせるためには、他者にとって価値のあるものを奪ったり（価値剥奪）、逆に与えたり（価値賦与）、あるいはそれらの予告をしたりしてコントロールすることが考えられる。電車で騒ぐ子供を静かにさせるために、「おとなしくしないとお菓子をあげませんよ」と言うのが価値剥奪、「お菓子をあげるからおとなしくしなさい」と言うのが価値賦与である。

　騒ぐのをやめない子供が親にしかられることになるのと同様に、決定に従うことをあくまで拒否する者に対しては、有無を言わせぬかたちの価値剥奪、すなわち制裁が加えられる。制裁は、権力に特徴的なものであり、身体的な自由を奪うことから、財産や領地の没収や地位の剥奪などまで、多様な形態と程度がある。生命を奪うという究極の制裁も存在する。価値剥奪や価値賦与に際しては、それらをおこなうための暴力や財力などの手段が必要となる。

　さて、権力をどのようにとらえるかについては、二つの代表的な見方が存在する。**実体説**は、権力を、暴力（物理的強制力）、財力（経済的強制力）、影響力（心理的強制力）など、人間が保有する何らかの力としてとらえる。権力を目に見えるものとしてとらえる、やや古典的な権力観である。政治学の発達に従って登場したのが、**関係説**である。関係説では、権力を行使する側と行使される側の相互作用から権力関係が成立すると考える。権力の行使は、権力者から相手（権力を行使される側）に対して一方的になされるのではなく、相手の反応によって権力者の強制力行使の程度は変化する、と考えるのである。「A（権力者）がBに、Bの意思のいかんにかかわらず、ある行為をさせる」にしても、Bが強く反発している、あるいは強い反発が予想される場合は、権力者も強制力行使を手加減する、ということである。

2. 政治と権力　　5

（2）政治と権力：支配の正統性

　さて、権力は政治だけでなく社会全般に見られるものであるが、政治権力には他の権力とは大きく異なる点がある。政治権力のみが、軍隊、警察、刑務所などの物理的強制装置を合法的に所有しているのである。物理的強制装置を独占しているだけでなく、強制力の大きさにも違いがある。政治権力の代表と言えるのが**国家権力**であるが、国家権力は、領土内のすべての住民（国民）に対して、決定に従わせる強制力を有し、国民はそれから逃れることができない。国家は法律に違反した者を逮捕し、処罰する。国民には、その法律が気に入らないので国民であることをやめると主張して、処罰を逃れるすべはないのである。

　政治権力が長期にわたって安定したかたちで存続するために効果的なのは、人々が自発的に権力を受け入れ、権力を正統（正当）なものと認めるようになっていることである。軍隊や警察を利用した力による支配も、恐怖による支配も、それなりに可能ではあるが、支配される側＝権力を行使される側の反発を買うので、政治が不安定になりやすい。それよりも、人々が自発的に服従するほうが望ましいのである。

　ドイツの社会学者マックス・ヴェーバーは、人々がなぜ権力による支配に服従するのかという**支配の正統性**を、合法的支配、伝統的支配、カリスマ的支配の三つに分けて説明した。

　合法的支配とは、近代社会における官僚制などがこれにあたる。制定された秩序の合法性と、その秩序によって支配の権限を与えられた者の命令権の合法性を人々が受け入れ、服従するのである。**伝統的支配**は、伝統的社会の家父長制や、近代以前の国家で一般的であった君主による支配がこれにあたる。人々は、伝統に付随する神聖性と伝統に裏打ちされた権威をあたりまえのものとして受け入れ、服従する。**カリスマ的支配**は、歴史的には宗教上の預言者やデマゴーグ（扇動政治家）、近代においては大衆の熱狂的支持を集めて権力を確立した政治指導者などによる支配がこれにあたる。ある個人によって作り上げられた秩序やその人物の神聖性、超人的力、英雄的な行為など

に対する帰依にもとづき、人々は服従する。

　ヴェーバーの類型論は、純粋に理論的なものであり（理念型）、単純に現実の支配にあてはめることはできないが、理念型を用いることで、現実の理解が容易になるのである。

　政治学においては、権力をいかに抑制するかについて、多くの議論がなされてきた。「権力とは何か」の最初に述べたとおり、人々の利害や価値観の対立を調整する政治において、権力は不可欠の要素である。その政治権力には、人々や社会全体の安全と福祉を守るために、個々の人間の自由や権利をある程度制約せざるをえないという側面がある。しかし、国家権力のように大きな強制力を有する政治権力の場合、権力を行使する側が権力を濫用すれば、人々の自由や権利が大幅に侵害される可能性がある。専制的な政治が人々の安全や生命を脅かすのは決して珍しいことではない。そのため、権力の暴走を抑制するしくみが大きなテーマとなっているのである。

　近代国家の基本的理念とされている**立憲主義**は、政治権力はあらかじめ定められた憲法に従って行使されねばならないとする原理である。これによって、権力が濫用されることを防ぎ、人々の自由と権利を守ろうとするのである。また、**法の支配**や**法治主義**の概念は、権力の行使は法にもとづいておこなわれなければならず、権力者であっても法に従わねばならないとする考え方である。さらに、権力抑制の手段として現在の政治体制にも広く取り入れられているのが、第3章の1で扱う、国家の権力を複数の機関に分散させ、互いに抑制と均衡をはかるという、**権力分立**の考え方である。

（3）政治権力の行使

　権力はどのように行使されるのだろうか。

「権力とは何か」のところで、権力の行使（誰かの意思のいかんにかかわらず、何かをさせる）にあたって、価値剥奪や価値賦与という手段でコントロールし、決定に従わない者には物理的強制力を用いた制裁を加える、と述べた。お金や褒美、名誉や地位を奪ったり与えたりすること、決定や規則に従わない者

2．政治と権力　　7

には、武力や暴力などの物理的強制力を用いた制裁が加えられるという脅迫が、権力のパワーの源（権力の資源）であるということである。

　以上のような議論は、権力を目に見えるもの（明示的権力）と考え、また、人々が自らの意思と自らの利益が何であるかを明確に判断できているという前提にもとづいている。ところが、現代の政治学では、その前提に疑問が投げかけられている。個人の意思はほんとうに自律的なのか、また人々は自らの利益をはっきりと認識できているのだろうか。人々が、自分で考え、判断したと思っていることが、じつは権力によってそうし向けられているのではないか、というのである。

　たとえば、権力者が巧みな宣伝や教育によって人々の意識を変えてしまい、人々にそれと自覚させずに、人々を権力者が望む方向に導くのは、いわば目に見えない権力（黙示的権力）の行使である。アメリカの政治学者スティーヴン・ルークスは、相手側の認識や好みを変化させ、対立や争点自体を消滅させてしまうような権力を三次元的権力と呼んだ。客観的に見れば著しく損をするにもかかわらず、当の本人は喜んで権力者が意図した何らかの行為をおこなうという事態も生じるかもしれない。幼い時から教育や宣伝によって、「お国のため」や「宗教のため」に死ぬことに至高の価値があると教え込まれた国民は、権力者がはじめた戦争がいかに無謀で無意味であっても、それに喜んで身を投じ、命を落とすことになる。

　フランスの哲学者ミシェル・フーコーが『監獄の誕生——監視と処罰——』で唱えたのは、規律権力（規律訓練権力）の存在である。フーコーは、近代の権力は、目に見えるかたちで行使されるよりも、人々が自分で自分を規律するようにし向けることで、自動的に行使されると考えた。厳しい監視と訓練を通じて規律を植えつけられた人々は、強制されなくても一定の決まりに従って行動するようになる。フーコーが例に挙げたのは、どこから監視されているかわからない構造の監獄に収容された囚人である。そのような監獄で過ごす囚人は、常に監視されているという意識を植えつけられ、いつしか自らの行動を自ら律するようになる。そして、実際には監視されていなく

ても、罰せられるような行動をとることはなくなるのである。フーコーによれば、規律権力は、学校や軍隊、病院や工場など、現代社会の至るところに存在している。

（4）国民主権と権力

　国家のありようを最終的に決定する権限のことを主権という。絶対主義時代までは、主権は君主にあるとする君主主権の概念が一般的であった。それを支えたのは、神が国王にその権限を与えたという王権神授説である。その後、西欧では市民革命を経て、主権は国民にあるとする**国民主権**の概念が一般的になり、政治体制としては民主主義があるべき体制とみなされるようになった（第2章参照）。

　権力に関する議論では、権力を行使する側と権力を行使される側を区別する。これは、絶対王政のような君主主権の時代の権力概念としてはわかりやすい。権力を行使する側が王であり、権力を行使される側が国民（一般の人々）である。ところが、現在の民主主義体制（自治・自己統治の体制）においては、権力者を生み出すのは主権者である国民自身である。すなわち、自治・自己統治の民主主義においては、権力を行使する側と権力を行使される側には、質的な違いはないはずである。しかし、現実には政治権力は存在し、人々は権力に服することを強いられる。人々が権力による支配に服従する理由は、ヴェーバーが考察したように多様であるが、権力を支える基盤はあまり強固ではないのである。そこで、現代の権力は、きわめて巧妙に慎重に行使される。また、権力を行使する側と行使される側も、単純な二項対立の図式ではとらえられない。「政治権力の行使」のところで述べたのは、このような権力のありようを巡る代表的な議論である。権力についての議論は、尽きることなくつづけられている。

── コラム：生権力と福祉国家

　フーコーの権力観として、生権力という概念がある。生権力とは、出生や

2．政治と権力　9

生殖、死といった人間の生命過程を管理する権力のことで、人々を権力によって殺すのではなく、権力によって生かすことで権力が行使されるというのである。

　福祉国家は、社会保障制度や様々な規制、公共事業などを通じて、国家が人々の生活に介入することによって、人々の暮らしを守ろうとする存在である。第二次世界大戦後、世界の多くの国々で取り入れられた体制である。日本もその例外ではない。国が、年金制度、健康保険制度、失業保険制度などによって国民の最低限度の生活を保障し、保育施設や教育制度などの整備に努めるという福祉国家的政策は、現在の私たちにはあたりまえになっている。とりわけ、少子高齢化に悩む日本では、子育て支援の拡充などによる出生率の回復が喫緊の政策課題とされている。フーコーの説に従えば、生権力は私たちの身のまわりに存在しているということである。

（甲斐　祥子）

2 民主主義と自由主義

[民主主義的でないって……] テニスサークルの合宿の後日談である。合宿が終わってほっとした部長の天野さんだったが、最近、1年生のメンバーがよそよそしいのが気になっている。仲のよい鈴木さんに聞いてみると、1年生の間に「サークルの運営が民主主義的でない」という不満があるということだ。「どこがいけないのだろう」、天野さんは考え込んでしまった。合宿の行先は多数決で決めた。決めるにあたって昨年のように混乱しないで済んだし、合宿ではテニスが存分にできたので1年生もかなり上達した。結構うまくいっていると思っていたのだけれど……「皆が満足するって難しい」。天野さんは、すっかり落ち込んでしまったが、1年生の率直な意見を聞いてみようと気を取り直した。

さて、考えてみよう。民主主義とは何か、民主主義には特別の価値があるのだろうか。

1. 民主主義を考える

現代の政治体制で、あるべき姿とされているのが、民主主義体制である。民主政治という呼び方をする場合もある。もう少し厳密に言うと、現代の民主主義は、代表制を取り入れた議会制民主主義で、自由主義の理念を重んじる自由民主主義である。

(1) あるべき姿としての民主主義

現在の日本では、**民主主義**は普遍的な価値があるとみなされている。しばしば聞かれる「民主主義的でない」「民主主義的な手つづきを無視している」といった批判の言葉は、「民主主義はよい」「民主主義は正しい」という価値観があるからこそ発せられるのである。

民主主義の形態のうち、現実に採用されている政治体制としての**議会制民主主義**（代表制民主主義、代議制民主主義）は、日本ではあるべきというよりも、あたりまえのものとして存在している。国民は一定の年齢になれば選挙権を与えられる。わざわざ申し込まなくても、選挙が近づくと投票所の入場券が郵送されてくるので、それを持って投票所に出向き、自分が好む候補者や政党に一票を投じる。人々の一票の積み重ねが、政府のかたちを決めたり、社会のルールを作ったり、政策の方向性に影響を与えたりすることになっている。代表を介してではあるが、国民の意思が政治に反映される制度、すなわち民主主義である。また、国民は被選挙権も有し、自らが選挙に立候補して、議員や自治体の首長をめざすこともできる。とはいえ、今日の日本では、あたりまえすぎて、ありがたくもないので、選挙で棄権する者も少なくない。

　議会制民主主義は、日本だけでなく世界の多くの国で採用されている制度であり、おおむね「よい」「あるべき」政治体制ということになっている。民主主義指数といった、国の民主化の度合いを測るランキングが関心を集め、順位が低いと問題になることもある。「非民主的体制」とは、他国の政治体制に対する最大の非難の言葉となる。また、議会制民主主義が「あるべき」とされていることは、内戦や政治的な混乱から脱出した国で、まずおこなわれるのが選挙であることからもわかる。選挙が公正に実施され、新しい体制が形成されれば、民主化の第一歩がしるされたとみなされるのである。

（2）民主主義のあいまいさ

　民主主義に関する最も有名な言葉は、アメリカの**リンカーン**大統領による「人民の、人民による、人民のための政治」であろう。これは、人々が**自治・自己統治**をおこなっていく政治のしくみとしての民主主義を表現するすぐれた言葉である。

　とはいえ、この言葉を聞いて、民主主義についてわかったつもりになってはならない。そもそも、人民 people とは誰のことなのだろうか。人民をどのようにとらえるかで、「人民のための政治」は異なってくるはずである。

12　　第2章　民主主義と自由主義

また、なぜ自治・自己統治がよいのかはこの言葉では明らかにはならない。現実には、「人民による、人民のためにならない」政治も、逆に「人民によらない、人民のためになる政治」もありうるのである。また、ここでは、民主主義をなり立たせるためのしくみとして用いられている**多数決**についても言及されていない。多数決は、多様な考えを持つ人々が集合的意思決定をおこなうときに採用される手段であり、多数の意見を全体の意見とみなす方法であるが、なぜ多数に従わねばならないのかも明らかにはされていないのである。

　じつは、民主主義は非常にあいまいな概念である。自治・自己統治は絶対の正義なのか、なぜ多数に従わなければならないのか、多数決は民主主義のしくみとして適正なのか、疑問は次々に生じる。また、民主主義的な政治体制として、現在の日本や世界の多くの国々で採用されている議会制民主主義が、「あるべき政治体制」なのかどうかも、簡単には答えられないのである。

　私たちが出発点としなくてはならないのは、「民主主義は正しいから従わなくてはならない」という固定観念を疑い、民主主義があいまいな概念であることを認めることである。その上で、民主主義がどのように生成し、定着してきたか、そして議会制民主主義というかたちで多くの国で定着した現在、かえって批判にさらされていることを知ることによって、民主主義＝善という単純な図式を越えた、民主主義の姿が見えてくるはずである。人々が、民主主義を知り、考えることで、民主主義はよりよいものになるのである。

■ 2. 民主主義の起源と発展 ■

　普遍的な価値があるとみなされる政治体制である民主主義は、どのような起源から、いかにして発展してきたのだろうか。

（1）古代ギリシアの民主政

　民主主義（**デモクラシー** democracy）の重要な起源は、古代ギリシアにある。

デモクラシーという言葉のもとになったギリシア語のデモクラティアとは、貴族など少数者の支配に対して、多数者（民衆）の支配を意味する。古代ギリシアのいくつかのポリス（都市国家）でおこなわれていた政治体制のことであった。

　私たちが現在詳しく知ることができるのは**アテネの民主政**である。その特色は、政治に参加する資格を持った者（市民）全員が、直接議論に参加し決定に関与する**直接民主政**であったこと、また、市民は全員が公務遂行にあたる官職につく可能性があったことである。後者は、国民投票など現在採用されている直接民主政的手法との大きな違いである。アテネでは、全員参加の民会の運営にあたる評議会の委員や、大臣などに相当する役職や、役人も、抽選で選ばれていた。アテネの民主政には、市民の平等という原理と、市民の能力の平等という前提が存在していたのであった。また、市民たるもの、ポリスの一員として政治に参加するのは当然であるとも考えられていた。

　アテネの民主政は決して静態的なものではなく、時期によって変化しているし、常にうまく機能していたとは言いがたい。また、女性や居住外国人や奴隷は政治の場から排除されていたので、政治に参加する資格は、ポリスの住民全体からすれば一部の者の特権であった。また、直接民主政は、ポリスという狭い空間でのみ可能であったと言うこともできる。アテネの民主政は、現在の民主主義体制のように確立されたものでも、すべての人に開かれたものでもなかった。現在の民主主義とはかなり違っていたのである。とはいえ、それでもなお、自治・自己統治という民主主義の本質を含む最初の政治体制として言及されるべきものである。

　紀元前4世紀、民主政の衰退期に生きた哲学者のプラトンやアリストテレスの民主政への評価は、あまり高いものではない。**プラトン**は民主政を、政治家たちが民衆に迎合する体制であると批判し、哲学者が統治する哲人政治を理想とした。プラトンの弟子で、アテネの民主政を記録した**アリストテレス**は、『政治学』で、政治体制を、王政、貴族政、国制と、その堕落形態としての僭主政（独裁政治）、寡頭政（少数者が権力を独占する政治）、民主政の6類

型に分けた。アリストテレスは民主政について、僭主政や寡頭政よりはましだが、貧しい民衆が数を頼りに大きな権力をふるう極端な民主政は、僭主政の温床になりかねないので非常に危険、と厳しい評価を下している。

　古代ギリシアの民主政は、紀元前4世紀には終焉をむかえる。その後、民主主義という概念は古代ギリシアの遺産としてヨーロッパに持ち込まれたが、同時に「民主主義は愚かな民衆による混乱した政治である」「民主主義はうまくいかないから望ましくない」といった厳しい評価も受けつがれたのであった。

（2）議会制民主主義

　現在、世界の多くの国でとられている民主主義の形態は、古代ギリシアの直接民主政とは異なった、**間接民主政**すなわち**議会制民主主義**（**代表制民主主義**）である。

　議会の起源については第7章で述べるが、民主主義がそもそも起源の異なる議会制と結びついたのは、17世紀のイギリス革命であった。革命は、国王の専制政治への議会の反発からはじまったが、議会が勝利をおさめ、ここに**議会主権**という概念が成立した。革命を支えたのは、17世紀に登場した**社会契約説**である。イギリスのトマス・ホッブズやジョン・**ロック**は、もともと自由で平等な人々が、契約によって政治権力を成立させたと主張した。とりわけ、政治権力が信託に反して人々の権利を侵害した場合は、人々には抵抗権があるというロックの思想の影響は大きかった。

　フランスのジャン＝ジャック・**ルソー**はロックの思想をさらに進めて、**人民主権論**を展開した。国の政治の最終決定権は一般の人々にあり、政治は人々の意思にもとづくとする説である。これは、民主主義を理念として擁護するものであり、民主主義の再評価といえる。アメリカ独立革命やフランス革命を経て、現在の民主主義につながる思想であった。

　18世紀後半に、近代の民主主義国家として出発したのがアメリカ合衆国である。民主主義という言葉自体は依然としてあまり人気がなかったので、ア

2．民主主義の起源と発展　　15

メリカ合衆国の「建国の父たち」が採用したのは、古代ローマを起源とする**共和**（公共の利益を実現する政治）という言葉と、議会制すなわち間接民主政であった。民主主義の実験国家ともいうべきアメリカで議会制民主主義が採用されたのであった。アメリカでは、民主主義の弊害を抑制するために、権力分立制も取り入れられている。

　フランスのアレクシス・ド・**トクヴィル**は、19世紀前半のアメリカを訪れ、アメリカの民主主義のありようをヨーロッパに紹介した。トクヴィルは、アメリカの民主主義を評価する一方で、民主主義には「多数の暴政」という危険があると指摘したことでも知られている。民主主義の評価には分かれるところがあったが、アメリカが発展するにつれて、民主主義の思想は確実に広まっていった。

　19世紀前半までは制限選挙が一般的であったので、どの国でも議会の実態は民主主義とはかけ離れていた。独立当初のアメリカすらその例外ではなかった。しかしその後、多くの国で、選挙権の拡大、普通選挙の実現というかたちで議会の民主化が進行し、19世紀の終盤から20世紀のはじめに、西欧の多くの国では議会制民主主義が実現したのである（第4章、第7章参照）。

■■ 3．自由主義と民主主義 ■■

　世界の多くの国でとられている民主主義は、正確に言えば、**自由民主主義**（リベラル・デモクラシー）である。自由主義と合体した民主主義であり、民主主義の一つのありようである。ここでは、自由民主主義の発展について考えてみよう。

（1）自由主義と民主主義

　自由主義は、国家や組織、共同体の権威や強制から、個人の自由の領域を守ろうとする思想である。専制政治という恐怖から個人の自由を守るという、政治的自由主義の思想を本格的に展開したのは17世紀イギリスのジョン・ロ

ックであった。前に述べたように、ロックは、**社会契約説**で、本来自由で平等な人々が、その自由を守る役目を託し、政府や議会を成立させたと唱えた。彼は同時に、各人が自らの自由な労働を通じて得た財産の所有権を重視し、**私的所有権**は国家によっても侵されることのない権利であると考えた。そして、人々には、個人の権利を侵害する専制化した政府に対する抵抗権があると主張したのである。フランスのシャルル・ド・モンテスキューも、専制政治を批判し、人々の自由を保全するためには権力を分立させ、権力に権力を牽制させることが有効であると主張した。18世紀イギリスのアダム・スミスは、経済活動に対する政府の介入は少ないほうが好ましいとする**経済的自由主義**（自由放任主義）を主張した。

　自由主義の思想は、時を重ねて洗練され、19世紀に至って一応の完成をみる。このいわゆる古典的自由主義においては、身体・生命・財産の自由、信教の自由、思想・信条の自由、表現の自由などが、いかなる権力によっても侵すことができない個人の自由の領域、**基本的人権**とされている。このような思想は、広く受け入れられるようになり、1948年に国際連合が採択した世界人権宣言をはじめ、現代にも受けつがれている。

　さて、この自由主義と民主主義は、常に手を携えてきたわけではない。自由主義の思想の担い手は、おもに有産階層であり、もともと政治参加の機会に恵まれた教養や財産のある人々であった。一方、市民革命の時代に普通選挙を求め、民主主義を主張した人々は、それより階層としては下とみなされた民衆層であり、そもそも政治の場からは排除されていた存在である。市民革命で絶対王政に勝利をおさめた自由主義者にとっては、民主主義の主張は、民衆が数の力をたのんで上の階層の政治的権利を脅かそうとするものにほかならなかった。一方で、18世紀の後半には産業革命の進展によって大量の産業労働者が生み出され、自らの政治的権利を主張しはじめていた。前に述べたところの、19世紀における議会の民主化は、政治に参加する資格を教養や財産に置く自由主義者と、人民主権を唱え普通選挙を主張する労働者階級の、綱引きのなかで進行したのである。

3．自由主義と民主主義　　17

イギリスで19世紀の半ばに活躍したジョン・ステュアート・**ミル**は、自由主義と民主主義の橋渡しをした思想家である。労働者階級の一部への選挙権の拡大が議論されていた時代において、ミルは、普通選挙や、当時としてはきわめて珍しい、女性の参政権を支持する論陣を張った。ミルは、個人の自由に最高の価値を見出した自由主義者であったが、政治参加の権利なくしては個人の自由を守ることはできないと考えたのである。ミルにとっては、民主主義が自由を実現するための手段であった。ミルには、「多数の暴政」を警戒するエリート主義的な側面もあるが、その思想は、自由民主主義の典型であった。

　自由民主主義は時代の潮流となった。そして、20世紀の前半には、普通選挙の実現によって議会制民主主義の体制が多くの国々で成立することになったのである。

（2）積極的自由と福祉国家

　自由主義の概念は、19世紀の末頃から新たな展開をみせる。資本主義経済の発展により深刻化した社会問題の解決のために、既存の社会・経済構造を見直し、大きく改革しようという社会主義思想の浸透を前に、自由主義にも新しい流れが生まれたのである。それは、**積極的自由**の概念である。積極的自由とは、ある人が何かをおこなう、あるいはそうあることを、自らが主体的に決定できることであり、それを可能にする条件の整備を求める思想につながる（○○への自由）。これに対して、**消極的自由**は、他者からの干渉を受けずに自分でやりたいことをおこなうという従来の自由観（恐怖からの自由、政府の干渉からの自由などの、○○からの自由）のことである。

　積極的自由の立場では、国家が、国民の生活の様々な局面に積極的にかかわり国民を助けることで、国民にとっての真の自由が実現されると考える。そのような考えは、第二次世界大戦後におもに西欧諸国で本格的に建設がはじめられた**福祉国家**で実行に移された。福祉国家では、国家は、国民が貧困、疾病、無知などの障害を克服できるように、社会保障制度や教育などを通じ

18　　第2章　民主主義と自由主義

て富の再配分をする。「ゆりかごから墓場まで」という言葉に代表されるように、国が、全国民に生涯にわたって**ナショナル・ミニマム**（最低限度の生活）を保障しようとしたのが、第二次世界大戦後のイギリスであった。福祉国家を主導したのは、議会制民主主義の枠内で漸進的に社会問題を解決していこうという社会民主主義の政権であったが、福祉国家の思想は、程度の差こそあれ、党派の枠を越えて多くの国の政府が採用するところとなった。日本もその例外ではない。

（3）新しい自由主義論

　福祉国家は、国民全体の福祉を増進することで、社会全体の底上げをはかるものであるが、一方で、全体の利益のために少数者の利益を犠牲にし、個人の自由や自律を妨げるという側面がある。そこで、福祉国家については、自由主義の立場から多様な議論がなされている。

　アメリカの政治学者ジョン・**ロールズ**は、『正義論』で、アメリカではリベラル、ないしはリベラリズムと呼ばれる福祉国家的な政策を擁護した。一方、1970年代後半、イギリスをはじめ各国で福祉国家が行きづまりをみせ、経済の世界で、市場主義や自由競争が高く評価されるようになるのと並行して注目されたのが、リバタリアニズム（自由至上主義）やネオ・リベラリズム（新自由主義）であった。

　リバタリアニズムでは、個人の自由と権利を尊重するという立場から、国家の役割は、生命や所有権に関する個人の権利を防衛するという限定的なものであるべきであると考え、最小国家を主張する。自由競争を支持し、福祉国家の見直しと小さな政府の実現を主張する**ネオ・リベラリズム**は、イギリスのサッチャー政権、アメリカのレーガン政権に影響を与えた思想で、福祉国家の修正や、経済の規制緩和政策を支えた。なお、ネオ・リベラリズムの思想は、新保守主義と呼ばれることもある。

3.　自由主義と民主主義

■■ 4．現代の民主主義論 ■■

　日本では、政治体制としての議会制民主主義があたりまえになっている一方で、民主主義を声高に主張するのは気恥ずかしいといった風潮もあるようである。現代の民主主義は多くの問題をかかえ、人々によって真剣に論じられている。次にその一端を見てみることにしよう。

（1）民主主義への懐疑

　西欧諸国だけでなく、世界の大半の国々が議会制民主主義体制を採用し、民主主義が普遍的な価値を持つとみなされるようになった時代に、しばしば指摘されるのは、議会制や民主主義の危機である。

　19世紀の終盤以降、多くの国民が政治に参加するようになった時期に、あらためて注目されたのは、古代から指摘されてきた民主主義の欠陥であった。多くの人々（大衆）が政治に参加する民主主義体制が実現した時代、そこにあらわれたのは、古代ギリシアのデマゴーグ（扇動政治家）を思わせる大衆を扇動する政治家、大衆に迎合するポピュリスト政治家であり、彼らを熱狂的に支持する大衆であった。一方、そのような風潮を批判する少数者は、多数者を前にして沈黙するのである。第一次世界大戦後に登場したイタリアのムッソリーニやドイツのヒットラーは、現状に不満を抱く人々に向かって、過激な主張を声高に語ることで人気を博し、選挙を通じて権力を確立した。その過程で暴力的な手段も用いてはいるが、議会制民主主義のなかから登場した独裁者なのである。

　スペインの哲学者オルテガ・イ・ガセットやアメリカのウォルター・リップマンは、大衆は合理的な政治的判断をすることができない存在だと指摘した。また、ドイツのカール・シュミットは、ワイマール共和国の民主政治のありようを批判し、議会制民主主義を否定した。

20　　第2章　民主主義と自由主義

コラム：非自由主義的民主主義？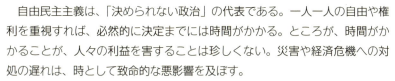

　自由民主主義は、「決められない政治」の代表である。一人一人の自由や権利を重視すれば、必然的に決定までには時間がかかる。ところが、時間がかかることが、人々の利益を害することは珍しくない。災害や経済危機への対処の遅れは、時として致命的な悪影響を及ぼす。

　そこで、人々はしばしば「決められる政治」を求めるようになる。決められる政治の代表が全体主義であろう。ムッソリーニやヒットラーは、大戦や大恐慌後の政治・社会の行きづまりのなかで、それぞれの国民によって、一見「民主的な手つづき」を踏んで選ばれ、その後反対勢力を排除し、独裁的な権力を確立した。権力確立後は、公定イデオロギーを強制して異論を圧殺し、経済・生活・文化・レジャーに至るまですべてを国家権力の統制下に置くことによって、国民を均質化し、一党独裁による「人民のための政治」を実現すると宣伝した。「非自由主義的民主主義」の主張であるとみなすこともできる。

　また、第二次世界大戦後、アジア諸国に登場した権威主義体制（開発独裁と呼ばれることもある）も、自由主義的民主主義への挑戦者であった。開発独裁は、国家主導による経済開発と強権的手段による政治的安定をめざしたものであるが、開発こそ人民のためになる、と主張することもできたのである。

　その本質を見れば、全体主義や権威主義体制を民主主義と呼ぶことは不可能だが、ヨーロッパ起源の自由主義的民主主義のみをあるべき政体であるとみなす立場に反発する政治指導者は、現在も存在する。

（2）民主主義の再定義

　民主主義の時代における民主主義の危機をまのあたりにして、20世紀の半ば以降、民主主義を再定義しようという動きが生じた。

　ヒットラーと同時代を生きた経済学者のヨーゼフ・**シュンペーター**は、民主主義を市場になぞらえた新しい民主主義論を構築した。シュンペーターは、民主主義を、「政治決定に到達するために、個々人が人民の投票を獲得するための競争的闘争をおこなうことにより決定力を得るような制度的装置」

（シュムペーター、中山・東畑訳、1995）と定義した。彼は、有権者の判断力には限界があるが、適切な指導者を選ぶ能力はあると考え、政治家が有権者の支持を得るために競争を繰り広げることが民主主義であると主張したのである。

　第二次世界大戦後のアメリカを代表する政治学者ロバート・**ダール**は、多元主義的民主主義論を展開した。ダールは、アメリカで現実におこなわれている政治を、理想としての完全な民主主義と区別してポリアーキーと呼んだが、ここでは、利益を同じくする者たちが形成した多くの集団が競いあうことで、民主的な政治が実現していると考えた。人々は、いくつもの集団に所属し、その集団を通じて政治の指導者をコントロールする（民主主義を実現する）と考えたのである。

　以上の民主主義論には、代表制を前提としたエリート主義的要素があるのに対し、1960〜70年代に登場したのは、普通の人々の政治への直接参加を重視する**参加民主主義論**である。キャロル・ペイトマンは、政治的無力感を感じるようになった人々が、身近なところで政治に参加することで、市民として政治的に成長し、民主主義が活性化すると考えた。国民投票への参加や、消費者運動や自然環境保護の運動への参加などがそれである。また、哲学者のユルゲン・ハーバーマスは、**市民的公共性**という概念で、人々が政治に主体的にかかわることの重要性を説いた。

　近年、注目されているのが**熟議民主主義論**である。熟議民主主義では、合意に至るプロセスで、十分な討議がおこなわれることが重視される。民主主義では、決定に達するためには多数決のような手段を採用しなくてはならないことは認めつつも、それまでに十分な議論があることが大切だと考えるのである。熟議民主主義では、人々が政治に直接参加する必要があるとまでは考えず、代表制の枠組み自体は否定しない。しかし、そこでは、政治家が有権者に対して**説明責任**（**アカウンタビリティ** accountability）を果たすことの重要性が強調されている。人々は観客ではなく、当事者として熟議を見守るべき存在でなくてはならないのである。

（3）民主主義を比較する

　比較政治学的な視点から、現実に存在する民主主義を評価しようとしたのが、オランダ出身のアレンド・**レイプハルト**である。レイプハルトは、多数決型民主主義とコンセンサス型（合意型）民主主義という比較枠組みを用いて、望ましい民主主義像を模索した。

　多数決型民主主義では、多数派の利益が重んじられる。イギリスをその典型とし、イギリスの議会所在地の地名をとってウェストミンスター型と呼ばれることもある。選挙で議会における多数派を確保した勢力が単独で内閣を形成し、その内閣に権力が集中する。一方少数派は野党として批判勢力となり、次の選挙での政権交代をめざす。二大政党が対決する形をとり、政権交代がおこることで、民主主義的な統治が実現するとされる。

　コンセンサス型民主主義では、交渉や妥協によって合意を形成し、多数派を最大化しようとする。ヨーロッパ大陸のスイスやベルギーなどが典型である。多党が連立内閣を形成するため、広範な勢力が権力を分有することになり、それによって民主主義的な統治が実現する。

　レイプハルトの意図は、決定が迅速で効率的であるとして評価が高かった多数決型に対し、コンセンサス型の優位を証明することであった。詳細な比較の結果、コンセンサス型に明瞭な軍配を上げることはできなかったのであるが、民主主義を比較しようという試みは、注目を集めたのであった。

　これまで紹介してきた民主主義論は、民主主義についてなされてきた議論のごく一部にすぎない。民主主義についての議論が営々となされてきたのは、民主主義があいまいで、じつに脆いものだからであろう。

（甲斐　祥子）

3 政治制度

[どちらがうまくいく？] 今年は、アメリカの中間選挙の年だそうだ。4年に1回の大統領選挙の間にある連邦議会の選挙で、日本では大統領選挙ほどの注目はあびないが、アメリカの政治のゆくえを占う重要な選挙なのだそうだ。中間選挙の結果、大統領が所属している政党と、議会で多数を占める政党が食い違ってしまうと、大統領の残りの任期の政権運営が難しくなるらしい。今の大統領の人気は低下気味なので、与党勢力は苦戦を強いられているとのことだ。

吉沢くんは、昨年あった日本の総選挙のことを思い出した。経済政策がうまくいっている時期を選んで衆議院を解散したこともあって、首相の狙いどおり政権党が勝利をおさめ、議席をさらに増やした。首相の地位は安泰で、政権運営も順調らしい。「日本とアメリカでは、政権と議会の関係がまったく違っているということなんだ」と吉沢くんはあらためて気がついた。

アメリカの制度、日本の制度、その他の国の制度、同じ民主主義国家でも、政治制度のかたちは様々である。なぜ、そのように多様なのか、そしてそれぞれの特質は何なのだろうか、考えていこう。

1. 権力分立

今日、民主主義を採用する国の政府は、**立法**、**行政**、**司法**の三つの部門に分かれている。立法は法律を制定することであり、司法は何が法律であるかを確定するとともに具体的事件に法律を適用して事件の解決をはかることである。行政については、その活動が多岐にわたることから、政府の職務から立法と司法を除いたものであると、消極的に定義されることが多いが、内容

の中心は法律を執行することである（阿部・久保・山岡、2003）。

　では、なぜ今日民主主義を採用する政府は三つの部門に分かれているのか。それは、国家の巨大な権力が特定の人物や集団によって掌握される事態を防ごうとしているのである。権力を持つ者は常に正しいおこないをするとは限らない。かつてイギリスのアクトン卿が「権力は腐敗する。絶対的権力は必ず腐敗する」という有名な言葉を残したように、歴史を見ると、権力を持った者が権力を濫用し人々の生命や財産が奪われた記録であふれている。このような苦々しい経験から、権力者の暴走を抑え込むための理論が考案されるようになり、いわゆる**権力分立**の考え方が登場した。すなわち、政府の権力を複数に分け、それぞれの間に抑制均衡の関係（チェック・アンド・バランス）を持たせることで、権力が特定の人間や機関に集中し濫用される危険性を防ごうとする考え方である。

　権力分立の考え方は、自由主義の影響を受けて近代のヨーロッパで発達したものである。第2章で述べたとおり、もともと自由主義とは国家権力の介入に対して個人の自由の領域を守ることをめざした思想であり、17世紀のイギリスにおいてジョン・ロックらによって提唱された。そして、このような自由主義の立場から、ロックは1690年に発表した『統治二論』のなかで二権分立ともいうべき議論を展開し、立法は議会に、執行は国王に分けるべきであると説いた。その後、フランスの政治哲学者シャルル・ド・**モンテスキュー**によって、三権分立の原型が提示される。モンテスキューは1748年に発表した『法の精神』において、立法・行政・司法の三権に分け、三権が互いに牽制しあう関係を作ることができれば、人々の権利と自由は保障されると訴えたのである。

　こうして、発達を遂げた権力分立の考え方は実際の統治制度の設計に影響を与えていく。まず、その影響は18世紀後半にイギリスより独立を達成したアメリカにおいて見られた。アメリカの建国に際して指導的役割を発揮した人々は、まさにモンテスキューらの権力分立論を土台に新興国家の政府組織を構築した。合衆国憲法制定の中心人物の一人であり、のちに第四代大統領

1. 権 力 分 立　　25

に就任するジェームズ・マディソンは、アレクサンダー・ハミルトン、ジョン・ジェイとともに、民衆に向けて憲法案を擁護するために執筆した論文集（『ザ・フェデラリスト』）において、権力を抑制均衡させる必要性を強調し、「野望には野望をもって対抗させなければならない」と主張している。このように、近代ヨーロッパで発達した権力分立論は統治制度の基本的原理として採用されていったのである。

■■ 2．議院内閣制 ■■

　さて、権力分立にもとづく統治制度は、立法府と行政府の関係に応じて、おもに議院内閣制と大統領制の二つに分けることができる。

　まず、**議院内閣制**については、言うまでもなく我が国で採用されている制度であるが、もともとはイギリスの政治的伝統のなかで徐々に発達して生まれた制度である。その原型は18世紀に誕生したと考えられており、議会制の広がりとともに他国にも普及し、議会制民主主義の定着とともに制度化されていった。現在、議院内閣制を採用しているおもな国々としては、イギリス、日本、カナダ、オーストラリア、ニュージーランドなどが挙げられる。

　議院内閣制では、選挙で選ばれた議員が議会を構成した上で、議会の多数派によって首相が選出され、その首相が国務大臣を任命して内閣を組織する。内閣は、行政権を有し議会に対して責任を負う。内閣は議会の信任を失った時は総辞職しなければならない。ただし、議会で不信任されたとき、内閣は総辞職する代わりに、議会を解散して総選挙を実施し有権者に信を問うこともできる。要するに、議院内閣制とは内閣の存在が議会の信任にもとづいている制度である。

　日本国憲法でも、以下のように定められている。

　①行政権は、内閣に属する（第65条）。

　②内閣は、その首長たる内閣総理大臣及びその他の国務大臣でこれを組織する（第66条第1項）。

26　　第3章　政治制度

③内閣は、行政権の行使について、国会に対し連帯して責任を負う（同条第3項）。

④内閣総理大臣は、国会議員の中から国会の議決で、これを指名する（第67条第1項）。

⑤内閣総理大臣は、国務大臣を任命する。ただし、その過半数は、国会議員の中から選ばれなければならない（第68条第1項）。

⑥内閣総理大臣は、任意に国務大臣を罷免することができる（同条第2項）。

⑦内閣は、衆議院で不信任の決議案を可決し、又は信任の決議案を否決したとき、10日以内に衆議院が解散されない限り、総辞職しなければならない（第69条）。

⑧内閣総理大臣は、内閣を代表して議案を国会に提出し、一般国務及び外交関係について国会に報告し、並びに行政各部を指揮監督する（第72条）。

以上から明らかなように、議院内閣制では立法府と行政府の間で密接な関係が生まれやすい。首相は議会の多数派によって選出されていることから、不信任決議が成立しない限り、常に議会多数派の支持を確保していると考えられる。したがって、首相は内閣だけでなく議会もコントロールしており、首相のなかで立法権と行政権が融合しているのである。

議院内閣制では、内閣が議会に法案を提出することができるが、議会多数派の支持をすでに確保しているため、内閣提出法案が成立する可能性はきわめて高い。イギリスにおける内閣提出法案の成立率は平均して9割を超えている。日本についても、高い割合で**内閣提出法案**は成立している。しかし、効率的な政権運営が期待できる反面、議会と内閣が一体として法律の制定にあたることができるため、その時々の多数派によって恣意的な政治がおこなわれる危険性は排除できない。

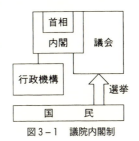

図3-1　議院内閣制

2．議院内閣制

3. 大 統 領 制

　議院内閣制では、議会を通じて行政府の長が選ばれるのに対して、これを国民が直接選出するのが**大統領制**である。そのため、大統領は議会ではなく国民に対して責任を負っている。また、大統領には固定の任期が定められている。議院内閣制において権力が融合するのに対して、大統領制の特徴は立法権と行政権が厳格に分立している点にある。

　大統領制は18世紀後半のアメリカにおいて生まれた制度である。そこで、アメリカ大統領制について説明したい。大統領の任期は4年であり、憲法の規定により2回を超えて選ばれることはできない。すなわち、最長2期8年までである。4年に一度実施される大統領選挙は、憲法上は間接選挙である。まず州ごとに**選挙人**を選び、その後選挙人が大統領を選出するというしくみとなっている。ただし、今日では選挙人の投票は州民の投票結果に拘束されていることから、大統領は直接国民によって選ばれていると考えてよい。

　大統領は、行政府の各省長官を任命し、各省長官は議員との兼職が禁じられている。また行政権は、議院内閣制では内閣という合議体（複数のメンバーからなる組織）に属しているのに対し、一人の大統領に属している。なお、アメリカでも内閣という言葉はよく使用されるが、それは憲法で規定された公式の組織ではない。また、議院内閣制で内閣の意思を決定する閣議もアメリカでは非公式のものであり、定例で開催されることもない。閣議をほとんど開かない大統領もいるし、閣議の出席者を決めるのも大統領の自由である。

　大統領と議会の関係は相互に独立していることから、大統領には議会を解散する権限がない。また、議会も不信任決議を成立させることで大統領を解任することはできない。ただし、大統領といえども罪を犯さないとは言いきれない。アメリカ合衆国憲法では、そのような場合に備えて議会が大統領を解任する規定も用意しており、大統領が「反逆罪、収賄罪、その他の重大な罪または軽罪」を犯した場合、下院によって弾劾の訴追を受け、上院の弾劾裁判で有罪になると解任される。ただし、この解任に関するハードルはきわ

第3章　政治制度

めて高く、過去に上院での弾劾裁判にまで至ったのはアンドリュー・ジョンソン（1868年）、ビル・クリントン（1999年）、ドナルド・トランプ（2020年）の三人だけで、しかもいずれも解任されていない（トランプについては大統領退任後の2021年2月に二度目の弾劾裁判が行われ、再び無罪とされた）。要するに、大統領が任期途中で解任される事態はまずおこりえない。

　議院内閣制では内閣は法案を議会に提出することができるが、大統領には議会に対する法案提出権がない。もちろん、そのことは大統領が立法過程に影響を与える手段がないことを意味しない。大統領は、必要と考える基本政策や予算・法案について、議会に対して「教書」というかたちで勧告することができるし、議会を通過した法案に賛成できない時は、**拒否権**と呼ばれる権限を行使することでその成立を阻むこともできる。拒否権は消極的な立法権といえる。大統領は必要と考える法律を容易に手にすることができない代わりに、議会の立法を阻止することができるのである。ただし、拒否権は絶対ではない。拒否権の行使により法案は自動的に廃案になるのではなく、議会の上下両院が3分の2以上の多数で再び可決した場合、拒否権は覆されて法案は成立する。

　大統領と議会はそれぞれ別々の選挙で選ばれることから、大統領が所属する政党と議会の多数党が一致せず、与党が議会の上下両院、あるいは一院で少数党という状態がしばしば発生する。こうした状態は**分割政府**とも呼ばれ、議会多数派の協力は容易に得られず、大統領は厳しい政権運営を強いられることが多い。任期が固定されているため、このような状況がひとたび発生すると、簡単には解消されず、政治の停滞がつづく傾向がある。また、分割政府には政治の責任の所在が不明確になるという深刻な問題がある。

　分割政府下の大統領がいかに困難な状況に直面するかの最近の例として、バラク・オバマは2008年大統領選挙で華々しく当選を果たしたものの、2010年の議会選挙で自党の民主党が下院で敗北して以降は、議会多数派の共和党の一致団結した抵抗を前に、民主党らしい政策をほとんど実現できなくなってしまった。このように、分割政府のもとでは大統領は議会の反対勢力とい

3．大統領制　　29

図3-2 大統領制（アメリカ）

う大きな障害に直面することから、多くの場合、政治が停滞する傾向があると考えられている。

大統領制は、アメリカ以外では韓国やフィリピン、ブラジルなどのラテンアメリカ諸国などでも採用されている。韓国、フィリピンの大統領の任期はそれぞれ5年、6年であり、憲法で再選が禁じられている。ブラジルはアメリカと同様、大統領の任期は4年であり、最長2期8年まで務めることができる。これらの国は1970年代以降に民主化を達成したが、同年代以降のいわゆる「民主化の第三の波」を通じて民主主義体制に転換した国では、大統領制を採用した事例が多い（粕谷、2014）。

4．その他の制度

議院内閣制や大統領制のほかに、半大統領制と首相公選制という制度もある。

まず、**半大統領制**は、議院内閣制と大統領制の統合形態であり、フランス（第五共和政）において典型的に見られる制度である。すなわち、国民によって直接選ばれる大統領と、議会の信任を受ける首相の双方が存在しており、いずれも一定の権限を有している。言いかえると、大統領と首相が行政権を分有しているのである。ドイツやイタリアなどでも大統領と首相が共存しているものの、大統領の役割はあくまで儀礼的なものにとどまり、政治の実権は首相に委ねられている。したがって、ドイツやイタリアなどは議院内閣制に分類される。

フランスの大統領の任期は5年である。もともと大統領の任期は7年であったが、2000年の憲法改正によって5年に短縮された。また、2008年以降は2回を超えて選ばれることが禁じられている。つまり、アメリカの大統領と同様、3選が禁じられている。

フランスの大統領は「共和政的君主」と呼ばれるほど、広範な権限が与えられており、首相の任命権、閣議の主宰権、下院（国民議会）の解散権、法律案の国民投票付託権、非常事態における緊急措置発動権、外交権といった権限を有している。大統領は首相を任命するが、下院で不信任決議が成立すると首相は辞職しなければならない。そのため、大統領は下院の多数派から首相を選ばなければならない。

制度上、行政権が大統領と首相によって分有されていることから、両者がどのような関係にあるかによって政権運営は変わってくる。大統領の党派と議会多数派が同じである場合、大統領は行政府のトップとして強いリーダーシップを発揮する可能性が高まる。しかし、大統領の党派が議会において少数派であるときは、大統領は反対党派から首相を選ばざるをえなくなり、事態は非常に複雑になる。この状態の政府は**コアビタシオン**（保革共存政権）と呼ばれ、当然大統領のリーダーシップに対する大きな制約要因となる。コアビタシオンでは、外交・国防などの権限は大統領に留保されるものの、内政上の実権は首相が握ることになる（川出・谷口、2012）。

フランス政治では、1986年以来何度かコアビタシオンを経験してきた。コアビタシオンになると、大統領と首相は世論の支持を争って激しい綱引きを展開する。両者が牽制しあうことで、「共和政的君主」の大統領が独善に陥るのを防ぐことができるとの積極的な評価もある。とはいえ、アメリカの分割政府のように、コアビタシオンは政治的責任の所在をあいまいにし、政治の停滞を引きおこす可能性は否定できない。2000年の憲法改正において、大統領の任期を下院議員の任期と同じ5年にしたのは、大統領選挙と議会選挙を同時期に実施し、大統領の党派が下院の多数を確保する確率を高めることで、コアビタシオンの発生を抑制しようとする狙いがあったと言われている。

なお、半大統領制には、**首相―大統領制型**と**大統領―議院内閣制型**という二つの下位類型がある。首相―大統領制型では大統領は首相を解任することはできず、大統領と首相の間で対等な関係が生まれやすい。これに対して、大統領―議院内閣制型では大統領は首相を解任することが可能である。この

4. その他の制度

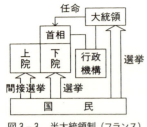
図3-3 半大統領制（フランス）

タイプの大統領と首相の関係については、首相が大統領に従属するのは明らかである。なぜなら、両者の間で政治的対立が生じたとき、大統領は常に首相を解任できるからである。上述したフランスの制度は首相―大統領制型にあたる。

半大統領制を採用する国は、かつては非常に少なかったが、1990年代以降増えてきている。その背景には、米ソの冷戦終結にともない政治体制を転換させた東ヨーロッパ諸国の多くで半大統領制が採用されたことや、2000年代以降に民主化を達成したアフリカ諸国の多くでも半大統領制が導入されたことが挙げられる（粕谷、2014）。

次に、**首相公選制**は議院内閣制と大統領制それぞれの特徴を部分的に持つ制度であり、日本でも2001年の小泉内閣発足の際に広く注目を集めたことで知られる。

首相公選制では、行政府のリーダーである首相を国民が直接選ぶとともに、首相は議会の信任を受けるという制度である。現在、首相公選制を採用している国はないが、以前イスラエルで実施されたことがある。

イスラエルでは、議会との関係において強い指導力を持つ首相を誕生させようと、1992年に首相公選制が導入された。しかし、現実はそうした狙いとは逆の結果になった。議会では、小党が乱立し、首相は政権を維持するため連立工作をおこなわざるをえないという状況に悩まされた。首相は強力な指導力を発揮するどころか、各党の要求に振り回され、政治は一層不安定なものになった。やがて、イスラエル国内では首相公選制に対する失望感が広がっていき、2001年にこの制度は廃止された。

日本でも、長年にわたり首相のリーダーシップの弱さが問題視されてきた。長く政権与党の座にあった自由民主党では、インフォーマルな議員集団である派閥が大きな力を持ち、そうした派閥の力学に振り回されて、首相は効果的なリーダーシップを発揮できずにいると批判された。こうした批判を意識

して、中曽根康弘をはじめ一部の政治家の間ではかなり以前より首相公選制が議論されていたが、2001年に国民的人気を背景に小泉政権が誕生したのを機に、首相公選制が一気に注目を集めるようになった。首相公選制について考える懇談会も首相の私的懇談会として設置され、2002年にはその最終報告書も発表された。

しかし、首相公選制に対する関心は長くはつづかなかった。国民統合の象徴としての天皇が存在するにもかかわらず国民を直接代表する大統領のような職を置くことへの懸念、そして何よりも小泉首相自身が現行の制度のもとで強力なリーダーシップを発揮できたことで、首相公選制を巡る議論は沈静化していったのである（川出・谷口、2012）。

表3-1　議院内閣制・大統領制・半大統領制を採用しているおもな国

議院内閣制	大統領制	半大統領制
イギリス、イタリア、オランダ、ドイツ、スペイン、カナダ、オーストラリア、ニュージーランド、日本	アメリカ、ブラジル、アルゼンチン、ウルグアイ、韓国、フィリピン	フランス、オーストリア、ロシア、ポーランド、台湾

（宮田　智之）

有権者と選挙

> **[はじめての選挙]** 川上さんは18歳、大学1年生だ。今年の夏の参議院議員選挙ははじめての投票の機会なので、今から楽しみにしている。ところが、1年生の基礎ゼミナールのクラスで、「政治参加」というテーマでグループ討論をして驚いた。メンバーは口々に、「選挙っていつ？」「関心がない」「政治のことがまだわからないので、今回は投票しない」「住民票を移していないから、投票に行きたいけれど行けない」、投票するつもりなのは、川上さんだけらしいのだ。家に帰って母に話すと、「私たちは、20歳にならないと投票できなかったのに、もったいない話ね」と言って、日本では若い人たちの投票率が低いと教えてくれた。
> なぜ、若者は選挙に行かないのか、そもそも選挙に行く意味は何なのだろうか。有権者と選挙について学びながら、考えてみよう。

■ 1．有権者とは何か ■

「有権者＝権利がある者」は、どんな権利を有し、何をするのだろうか。まず、有権者とは何かを確認することからはじめよう。

(1) 有 権 者

有権者とは**選挙権**（**参政権**）を有する者のことである。議員を選ぶための選挙で投票をしたり、年齢などの条件を満たせば選挙に立候補したりすることができる。選挙を通じて政治参加をする権利がある人々のことである。

日本では、18歳になると、市区町村の選挙管理委員会が管理する選挙人名簿に登録される。特に申し込みや手つづきをする必要はない。一旦登録されると抹消されない限り永久に有効なため、名簿は永久選挙人名簿と呼ばれる

こともある。有権者には選挙が近づくと投票所の入場券が郵送されてくる。一方、日本とは異なる有権者登録の制度をとっている国もある。アメリカやイギリスでは、自ら登録しなくては選挙人名簿に記載されないので、本来ならば有権者であるはずなのに投票できない、という可能性もある。

　さて、有権者は通常は投票所に行ってそれぞれの選挙のやりかたに従って投票をする。候補者に投票する場合と比例代表の選挙のように政党に投票する場合があるが、いずれにせよ投票の目的は、代表（議員や首長）を選び、誰に政治を任せるかを決定することである。

（2）有権者の役割

　有権者は、何らかの判断基準に従って投票して代表を選ぶわけだが、有権者が投票によって果たす役割は代表を選ぶことだけではない。有権者はどの候補者（政党）に投票するかによって、様々なメッセージを発信するのである。有権者は自分の利益を代弁してくれそうな候補者や政党を選んで投票し、自分の利害関係がどのようなものであるかを明らかにして、それを政治の場に伝える。これを**利益表出・利益伝達**と呼ぶ。また、投票によって政治家や政党の業績や政策についての評価を示す**業績評価**の役割もある。業績に不満であったら、別の候補者や政党に投票すればよいのである。同様に、政権党の候補者に投票しないことによって、政権への不満を示すこともできる。さらに、有権者は**正統性付与**という重要な役割も担っている。政府がその正統性を主張できるのは、選挙結果というかたちで、有権者の支持があると明らかになっているからである。議会の信を失った内閣（議会での内閣不信任決議の可決あるいは内閣信任決議の否決）が、解散総選挙をおこなって有権者の支持が内閣と議会のどちらにあるのかを問う習慣は、それゆえに存在するのである。

　とはいえ、有権者が、以上のような役割を、実際にどの程度果たすことができているかには疑問がある。また、多くの有権者は、自らがそのような役割を担っていることを認識しているかも疑わしいのである。

1. 有権者とは何か　　35

■■ 2．有権者の範囲 ■■

　有権者の範囲をどのように設定するかは、政治参加の資格をどのようにとらえるか、言いかえると「誰の意見を聞くのか」という問題とかかわっている。民主主義の発展とともに、どのように変化してきたかを確認しよう。

（1）制限選挙から普通選挙へ

　世界で、選挙権が一定の年齢以上のすべての国民に認められる普通選挙制度があたりまえになったのは、20世紀の半ばのことである。それ以前は、選挙権付与に際して、資産や所得、職業などによる差別がある**制限選挙**が存在していた。また、多くの国で女性の参政権は制限されていた。

　選挙権に財産による差別が存在したのは、参政権と納税が深くかかわっていたからである。議会の起源は中世ヨーロッパの身分制議会であり、これに参加する平民（地域社会の有力者）は、税を負担するがゆえに、議会に参加する権利を特権として手にすることができたのである。

　一方、すべての人々が平等に政治に参加する権利を持っていると考えるのが、**普通選挙**の思想である。17世紀イギリスのピューリタン革命時にあらわれたことが知られているが、それが一般化するまでには長い時間がかかった。

　議会制の母国とされるイギリスでは、1832年の第一次選挙法改正以降20世紀の前半にかけて、漸進的に選挙権が拡大された。19世紀の半ばには、産業革命の進展により拡大した労働者階級が、普通選挙を要求して運動を繰り広げた。しかし、政治参加の権利を納税と結びつける思想は根強く、選挙権の拡大は財産資格の緩和というかたちで進行したのであった。第一次選挙法改正前に全人口の3％を占めるにすぎなかった有権者数は徐々に増加したが、男性普通選挙が実現したのは1918年の第四次選挙法改正によってであった。

　普通選挙をいちはやく実現したのは、民主主義の国とされるアメリカ合衆国である。しかし、このアメリカでも、合衆国憲法制定時に選挙権を有していたのは、自由な（奴隷でない）成人男性のうち半数に過ぎなかったという。

36　　第4章　有権者と選挙

イギリスの植民地支配に反発して唱えられた「代表なくして課税なし」の主張は、選挙権と納税を結びつける思想を示している。州ごとに選挙資格が異なっていたアメリカで、全国的に男性普通選挙が実現したのは、1840年代であった。

ただし、アメリカについては、人種差別の存在にも言及しておかねばならない。1863年のリンカーン大統領による奴隷解放宣言と、65年の憲法修正第13条の奴隷制の廃止規定により、奴隷制のもとで否定されていた黒人の政治的権利は公式には認められた。しかし、南部の諸州では州法の規定により、様々な手段で黒人を選挙から締め出していた。これらの地域で、人種による政治的権利の制限が撤廃されたのは、1950〜60年代の**公民権運動**を経てのことである。

日本で男性の普通選挙が実現したのは1925年である。それまでは、納税要件による制限選挙であった。1890年の第1回衆議院議員選挙時の有権者は、全人口の約1.1％、納税要件の引き下げ後の1919年でも約5％であった。その後、第一次世界大戦後の世界的な民主主義の潮流のなかで、日本でも普通選挙を求める運動が高揚した。そして、1925年の普通選挙法の成立で、25歳以上の男性は納税額にかかわらず衆議院議員の選挙資格を得ることになったのである。普通選挙法を成立させた護憲三派内閣は、同時に治安維持法を成立させた。治安維持法は、普通選挙での社会主義勢力の躍進を抑制するための法律とされていたが、その後拡大解釈され、反政府的言論を広範に取り締まる手段となっていった。

（2）女性の参政権

政治の世界における「人」は、かつては多くの社会で男性に限定されていた。古代ギリシアの民主政で、参政権を持つのは市民権を有する男性のみであったし、前述のピューリタン革命時に唱えられたのも男性普通選挙であった。フランス革命の「人権宣言」は、人間の自由と平等を主張したが、その「人間」は男性であった。フランス革命では、公的領域である政治は男性の、

2. 有権者の範囲　　37

私的領域である家庭は女性の世界とされ、女性の政治的権利は否定されたのであった。

女性の参政権を求める運動が本格化したのは、19世紀の半ばになってからである。アメリカでは、道徳改善運動や禁酒運動などの社会的活動に参加していた女性たちが、培われたネットワークを利用して、奴隷制廃止運動とともに女性の権利獲得運動にも向かった。参政権運動はその一環であった。南北戦争後、黒人男性の選挙権は認められたが、女性の選挙権は認められなかった。女性の選挙権は、政治の世界を独占する男性の同意がなければ実現できなかったし、女性の間にも多くの立場があったため、成立への道は険しかったのである。

イギリスでの女性参政権運動は、19世紀後半、第二次選挙法改正に先立ち、選挙権の拡大が論議された時代にはじまった。1867年、高名な哲学者で下院議員であったジョン・ステュアート・**ミル**は、女性の参政権を求める法案を議会に提出した。法案は否決されたが、これを契機に全国に運動が立ち上がった。その成果もあって、1869年には、女性納税者は地方議会選挙で投票することができるようになった。とはいえ、国政への壁は厚かった。世紀転換期にはミリセント・フォーセットやエメリン・パンクハーストらが女性の参政権を求める団体を組織した。後者は、過激な示威活動を展開したことで知られている。

女性の社会進出が進むと、運動は国際的に広がった。1893年にはニュージーランドで女性の投票権が認められるなど、参政権を認める国や地域もあらわれたし、1902年には国際婦人参政権連合が設立された。アメリカでは1910年代に選挙権を認める州が増加し、1920年に全国で認められた。イギリスでも、第一次世界大戦後の1918年に30歳以上の女性に選挙権が付与され、さらに1928年には21歳以上の男女に平等に選挙権が認められるに至った。

日本では、普通選挙運動が高揚した時代、平塚らいてうや市川房江が運動を開始したが、1925年の普通選挙法では女性に選挙権が与えられなかった。日本で、女性が男性と同等の参政権を獲得したのは、太平洋戦争後の1945年

12月に20歳以上の男女に選挙権を付与する新選挙法が制定された時である。ちなみに、フランスで女性の選挙権が認められたのも、1945年である。

現在、世界の大半の国で、女性が男性と平等の政治参加の権利を持つことは、当然であると考えられている。とはいえ、法的・形式的平等にとどまり、実質的平等は実現していないという指摘がある。象徴的なのは、女性議員の少なさである。女性は、投票というかたちの政治参加はするが、議員として政策決定過程に参加する機会は限られているのである。女性議員については、第8章であらためて取り上げる。

―――― コラム：政治参加の様々なかたち ――――

パンクハーストが率いた婦人社会政治連合は、ポストを壊したり商店のガラスを割ったりする過激な運動で耳目を集めようとしたことで知られている。

一方、インド独立の父マハトマ・ガンディーは、非暴力・不服従の運動で知られる。ガンディーは、塩の専売制をイギリスによる植民地における圧政と搾取の象徴として、人々を率いて海岸に向かい、無許可で塩を作る運動を繰り広げた。「塩の行進」と呼ばれるこの運動は、非暴力・不服従の運動として世界的な注目を集め、インド独立運動の指導者ガンディーの名も世界に知られるようになった。「塩を作る」といったあまり政治的とは思われない行動も、アピールのしかたによっては政治運動（政治参加）となることがある。

政治的権利を求めて、多くの人々が献身的な努力を重ねたことを、私たちはあらためて知るべきであろう。

映画：『未来を花束にして』（2015年イギリス、20世紀初頭のイギリスの女性参政権運動を描いている）、『ガンディー』（1982年イギリス・インド合作、インド独立の父ガンディーの生涯）

（3）外国人の政治参加

財産や性別による有権者の線引きが過去のものになった現代社会で、新たな問題となっているのが、外国人の政治参加である。

現在の日本では、どの選挙であれ、投票することができるのは日本国籍を

有する者である。日本生まれで日本育ちであっても、国籍がなければ一切投票できない。国民主権を字義どおりに解釈すれば、それは当然のことかもしれない。事実、日本以外の国々でも、参政権を国民に限ってきたのである。

ところが、国境を越えた人の交流が盛んになり、帰化することなく永住する外国人が増加してきたのにともない、参政権を国民に限ることの妥当性が問い直されることになった。現在では、地方議会の選挙においては、居住期間など一定の条件を満たす外国人の選挙権や被選挙権を認めるようになった国は少なくない。またヨーロッパには、EUの統合が深化したため、EU加盟国間では地方参政権を相互付与するようにしている国もある。また、EU以外の出身者の声を聞く場として「外国人議会」などを設ける例もある。旧植民地出身者が多い国、外国人労働者や難民を積極的に受け入れた国、近年の経済構造の変化で外国人が急増した国と、事情はそれぞれ異なるが、定住する外国人に地域住民としてのメンバーシップを認めることは、受け入れ国の社会にとってもメリットがあるという思想なのである。とはいえ、近年、移民や難民の流入で外国人居住者が激増したため、外国人への反発から排外主義的な傾向が強まった国も多い。

日本では、かつての植民地支配により日本に来た人々と、その子孫の参政権がまず問題になる。在日韓国・朝鮮人の生活の基盤は日本にあり、税や社会保険などの負担も日本人と同様である。ところが、こういった人々は、帰化をしなければ、選挙を通じて自分たちの利益を日本の政治に表出することはできない。また、近年では、仕事や結婚などで来日し、永住資格を得た外国人も増加している。国際結婚で生まれた子供たちの国籍と参政権の問題も生じている。

日本では、永住外国人が参政権を求める動きも見られるが、選挙権を認めることへの反対論は根強く、国の動きは鈍いものである。ただし地方では、川崎市の外国人市民代表者会議の設置や、外国人も参加できる住民投票条例の制定など、外国人と地域のつながりを重視しようという試みもある。

（4）年齢と参政権

　2016年から、日本では選挙権が18歳以上の国民に与えられるようになった。70年ぶりの引き下げである。これにより、有権者の範囲は拡大し、選挙による政治参加の機会がより若い国民にも開かれた。将来を担う若い世代の政治参加は望ましい、という世界の潮流に乗ったのである。世界には、オーストリアなどのように、16歳の若者に選挙権を与えている国もある。

　十代に選挙権を認めることへの懸念も存在している。正しい判断ができるのか、扇動に乗りやすいのではないか、等々。そのため、日本では、有権者教育の充実が叫ばれている。いずれにせよ、少子高齢化が進む日本では、高齢者の影響力のみが強いシルバー民主主義に陥らないためには、若い世代の政治参加は望ましいであろう。

　日本では選挙権は18歳に引き下げられたが、**被選挙権**の議論は進んでいない。現在の被選挙権は、衆議院議員は25歳以上、参議院議員は30歳以上である。現在では、選挙権を得ると同時に被選挙権を得ることができる国も多い。イギリスでは、2015年の総選挙で21歳の大学生が当選して話題になった。若い世代の政治参加を促進するという観点からは、被選挙権にも目を向ける必要があるだろう。

3．選挙と民主主義

　選挙は、有権者の政治参加の手段のなかで、制度として国民に保障された基本的なしくみである。とはいえ、有権者の政治参加の手段は選挙に限られているわけではない。議会への請願、政治家や官公庁への直接的な働きかけ、利益団体や政党への加入、デモや集会などへの参加も、政治参加である。しかし、議会制民主主義において、有権者が自らの代表を選ぶ選挙は、すべての人に開かれているという点で最も重要な政治参加であると言えるだろう。

（1）民主主義的選挙の基本原則

　さて、選挙は実施されてさえいればよいというわけではなく、選挙が民主主義にのっとっているとみなされなくてはならない。そのための基本原則をまとめておこう。

　第一の原則は、**普通選挙**である。一定の年齢に達した国民のすべてに選挙権を認めるのが普通選挙である。一方、財産や納税額、身分などによって選挙権に制限がある制限選挙は、民主主義的とはみなされない。

　第二の原則は、**平等選挙**である。すべての有権者が平等に一人一票を持つ、ないしは有権者の投票の価値が等しいことを言う。これに対し、複投票（2票以上を投じる有権者が存在）、等級選挙（有権者の1票の価値に軽重がつけられている）などは平等選挙とはみなされない。

　第三の**直接選挙**は、有権者が直接候補者に投票し、自ら代表を選出することである。アメリカの大統領選挙は、有権者が大統領選挙人を選び、選挙人が大統領を選ぶという間接選挙であるが、実質的には直接選挙とほぼ同様に機能しているとされている。

　第四は**秘密選挙**である。投票内容が他人に知られないことで、有権者は他からの圧迫や強制によらずに、自らの意思に従って投票できる。

　第五の**自由選挙**は、立候補の自由が抑制されたり、選挙活動の自由が制限されたりすることがない選挙である。

　民主主義が実現しているとされている国々でも、個別に検討してみると、完全には実現しているとはみなしがたい原則もある。たとえば、日本では、選挙区によって有権者の票の重さに違いが生じる「**一票の格差**」の存在が、平等選挙の原則に反していると指摘されてきた。また、アメリカ大統領選挙は、間接選挙であるがゆえに選挙結果にゆがみが生じる場合があるという。日本での選挙運動の厳しい規制は、自由選挙の原則に反すると考える人々も存在する。

42　　第4章　有権者と選挙

（2）選挙の機能

　選挙は、有権者がその役割を果たす機会であり、選挙の機能は有権者の役割をなぞることで確認できる。有権者は、選挙で投票することで、代表を選ぶが、同時に、自分たちの利害や関心を明らかにし（利益表出・利益伝達）、業績を評価し、正統性を付与するのである。

　簡単に述べると、「有権者の好みを政治に入力するしくみ」が選挙である。選挙では、政党や候補者が、政策上の選択肢を公約やマニフェストとして有権者に示す。公約とともに、リーダー候補が前面に押し立てられる場合もある。有権者は、そのなかから自分が好む選択肢を選び、それを提示している政党や候補者に自分の票を投じる。選挙の結果、有権者の好みが明らかになるので、当選者や選挙で多数派となって政権を獲得した政党は、有権者の好みに従って、公約を守り、政治を担当し政策を実現していくことになる。

　とはいえ、公約はしばしば破られる。公約が実行されないことは珍しくない一方で、公約にない政策が実施されることもある。リーダーが有権者に断りなく交代してしまうことも珍しくない。「選挙による独裁」という言葉があるが、これは選挙で有権者の支持を集めて成立した政権は、選挙がない時期には自由にふるまうことができるという意味が込められている。

　選挙がうまく機能しているかは、有権者が選挙を通じて、政治家や政党、あるいは政治過程をコントロールできているか、あるいはコントロールできていると感じているかで測ることができる。「選挙による独裁」の存在は、選挙の限界を示していると言えよう。

4. 選 挙 制 度

　選挙制度は、選挙のありようを規定するだけでなく、その国の政治のありようにも深くかかわっている。どのような選挙制度を採用するかで、政党の組織や活動、政治家の資質も変わってくる。選挙制度は、その国の社会を映す鏡でもある。

（1）選挙制度の種類とその特色

　選挙制度には多くの種類がある。じつに多彩であるが、いくつかの観点から分類することができる。代表的な分類を紹介し、それぞれの特色も確認することにしよう。

①選挙区の規模

　1選挙区から1名を選出するのが、**小選挙区**である。議員定数分の選挙区が置かれ、各選挙区の多数派の意思を反映して選挙区ごとに1名の当選者が決まる。これに対して、1選挙区から複数を選出するのが、**大選挙区**である。大選挙区のうち、比較的少数の議員を選出するタイプを**中選挙区**と呼ぶ場合がある。1993年まで日本の衆議院議員選挙で採用されていたのがこれであり、小選挙区に比べて、少数派の意思も反映されやすいとされる。

②議席決定方式

　多数代表制とは、得票が多数の候補者が当選する制度である。小選挙区では最も多くの票を獲得した候補者が当選し、大選挙区では多いほうから定数分が当選する。小選挙区で多数代表制がとられる場合、小政党が議席を獲得することは困難であり、大政党が有利になる傾向がある。多数代表制には、相対多数代表制（1票でも多いほうが当選）と、絶対多数代表制（過半数を得ないと当選できない）がある。

　比例代表制は、大選挙区で、定数を各党の得票率に比例するように配分する制度である。政党は候補者リストを示しており、通常、有権者は政党に投票をする。候補者リストの上位の候補者から順に当選となる。各党の得票率と議会での議席占有率がほぼ等しくなる制度で、比較的小さな政党でも議席を獲得することができるという特色がある。

③投票のしかた

　大選挙区で候補者に投票する場合、1枚の投票用紙で1名の候補者に投票する単記式と、複数の候補者に投票する連記式がある。

　また、1枚の投票用紙で、何人かの候補者に順位をつけて投票する制度もある。まず1位票を数え、1位票が少ない候補者を落選とし、落選が確定し

た候補者に投じられた票を、その投票用紙で2位とされていた候補者に移すといった作業をして当選者を決める。**移譲式**と呼ばれるこの制度は、有権者の意思を少しでもすくい上げようという思想にもとづいており、オーストラリア下院の例などが知られている。

　選挙制度のうち、しばしば比較されるのが、イギリスやアメリカでおこなわれている「小選挙区制」（小選挙区相対多数代表制）と、ヨーロッパ大陸の諸国に多い「比例代表制」（大選挙区比例代表制）である。小選挙区制は、多数派の声を増幅させる。そのため、二大政党による政権交代や、比較的安定した政治を実現しやすいが、死票（落選者に投じられた票）が多く、小党には不利であり、少数派の声が無視される場合がある。一方、比例代表制は、少数派の声を政治に反映させるのに適しているが、小党分立を招いたり、連立政権になって政治が不安定になったりする場合があるとされる。それぞれに長所と短所があるので、これらを組みあわせた**混合制**も存在している。

　選挙制度を「政治の最も操作可能な道具」（成田、2003）と評することもあるとおり、選挙制度は政治のありようや政党制に深いかかわりがあるとされる。小選挙区制と二大政党制、比例代表制と多党制の関係を指摘したフランスのデュベルジェの説は有名である（第5章4参照）。

（2）日本の選挙制度

　現在の日本の衆議院の選挙制度は、**小選挙区比例代表並立制**と呼ばれている。これは、衆議院の定数のうち、一部を小選挙区制で選出し、一部を比例代表制で選ぶ制度（2016年の改正で、定数465、小選挙区289、比例区11ブロック176）であり、二つのタイプの選挙を組みあわせた混合制である。小選挙区と比例区の選挙は連動していないが、政党に属する候補者が両方に立候補できる**重複立候補制**をとっており、小選挙区で落選しても比例区で復活当選する場合がある。

　この制度は、それまでの中選挙区制にかえて、政治改革の一環として1994年に成立した。中選挙区制を政治腐敗の元凶であるとし、金のかからない、

4．選　挙　制　度　　45

政策本位の選挙を実現するためには小選挙区制が望ましいと喧伝されていた（第5章4参照）。実際には比例代表制を加えた混合制が採用されたわけだが、その背景には、当時の各政党勢力への配慮があった。小選挙区比例代表並立制が導入されてから20年以上が経ち、制度そのものは定着しているが、混合制の理念がはっきりしていないこともあり、改革の成果への評価はあまり高くはない。重複立候補に対する批判も存在している。

　参議院では、任期6年の議員が3年ごとに半数ずつ改選されるが、その選挙制度も混合制である。原則として都道府県を単位とし、1ないし複数の議員を相対多数で選出する選挙区制と、全国を1選挙区とする非拘束名簿式比例代表制が組みあわされている。非拘束名簿式は、有権者の候補者名での投票によって、候補者の名簿上の順位が変動する制度である。

　日本の選挙では、選挙区によって票の重さに極端な違いがある「**一票の格差**」が大きな問題になってきた。衆議院では、2013年、2016年と一票の格差を縮小するための公職選挙法の改正がおこなわれた。また、2016年には国勢調査ごとに選挙区を見直すという原則も決定された。衆議院以上に極端な格差が存在した参議院では、格差縮小のために2015年に2県を合わせた選挙区が作られた。とはいえ、格差は依然として存在しているし、選挙区見直しにともなう新たな問題の発生も懸念される。また、参議院の合区に関しては、参議院議員の地域代表としての性質をどうとらえるべきかという問題提起がなされている。

（3）選 挙 運 動

　選挙には多くの問題があるが、ここでは、日本で問題点が指摘されることがある、選挙運動を取り上げることにする。選挙運動は、候補者や政党の主張や政策を有権者に知らせるためにおこなわれる。有権者はこれを参考にして投票態度を決めるのだから、きわめて重要である。

　日本の選挙運動でのおなじみは、候補者名の連呼や鮮やかなカラー印刷の候補者ポスターであろう。短い選挙期間に候補者の名前をいかに有権者に浸

透させられるかが勝負とされる。日本では、選挙運動は、**公職選挙法**で厳しく規制されている。じつは、日本は選挙の公営化が進み、世界的にも規制が厳しい国の一つである。ポスター掲示板、選挙公報、政見放送、選挙運動用自動車等が提供される一方で、「やってはいけないこと」の事細かな規定が存在する。たとえば、戸別訪問は候補者の政策を直接有権者にアピールする基本的な選挙運動だが、日本では禁止されている。また、インターネットの選挙運動での利用は、ようやく2013年になって解禁されたが、他国に比べると規制が多い。

このような選挙運動から生じる最大の問題は、政策や公約が有権者に伝わりにくいことである。それへの反省から、日本でもイギリスに範をとり、政党の政策を、その実施時期や財源も網羅してまとめた政権公約集であるマニフェストを作るようになり、マニフェストブームがおこった。とはいえ、マニフェスト違反が続出すると、マニフェストはすっかり信頼を失い、一時のブームに終わった感がある。

選挙運動の費用や規模を規制することは、どの国でもおこなわれている。日本の公職選挙法の規制は、多発した選挙違反への反省から導入されたものであるが、あまりにも厳しく細かい規制は、選挙の自由をそこなうことになりかねない。

他の国々では、それぞれ特色がある選挙運動が繰り広げられている。アメリカの大統領選挙では、対立候補をおとしめるネガティヴ・キャンペーンも含め、メディアを利用して莫大な費用をかけ、派手な選挙戦が繰り広げられることはよく知られている。選挙は候補者選びの段階からほぼ1年という長い期間をかけておこなわれ、この間に、有権者は候補者を知ることになる。インターネットの利用も盛んで、資金集めにも利用されている。

一方、イギリス総選挙では、候補者個人の選挙費用はかなり低く、選挙運動もボランティアが中心で、戸別訪問などで地道に政策を訴える。一方、政党本部は巨額の費用を投じてメディアを通じた選挙キャンペーンをおこなう。前述のマニフェストは、有権者の反応を確かめながら通常は時間をかけてま

4. 選 挙 制 度　　47

とめられ、メディアを通じて派手に発表される。

　他国の選挙運動を知ることは、日本の問題点を考える契機となるであろう。

■■ 5．現代の有権者と選挙 ■■

　選挙に関しては、制度だけでなく有権者の投票行動にも注目する必要がある。現在、選挙権があっても投票に行かないという有権者は少なくない。有権者はなぜ選挙に行くのか、また、投票先をどのようにして決めるのだろうか。

（1）投票行動研究：投票に行く理由、行かない理由

　有権者が投票に行かない理由は様々である。尋ねると、よくわからない、関心がない、忙しい、投票してもしかたがない、といった答えが返ってくる。

　かつては、選挙で棄権をするのは、そもそも政治にあまり関心がない層、知識や情報があまりない層であると考えられていた（**伝統的無関心層**）。ところが、個別に調べると、教育を受け、決して政治的関心がないわけではないのに選挙に背を向けている人々（**現代的無関心層**）も数多くいることがわかってきた。選挙に参加する人が少なければ、政治に反映される民意は少なくなり、議会政治への信頼感が失われかねない。そこで、有権者の投票行動や心理の研究がおこなわれるようになったのである。

　有権者は投票に行くか、棄権するかをどのような理由で決めるのだろうか。代表的な研究をなぞってみよう。

　アンソニー・**ダウンズ**は、有権者が投票に行く要因として、自分の投票の重要性、政党間の期待効用差、投票コスト、長期的利益の４点を考えた。

　自分の投票の重要性とは、自分が投じる票が選挙結果にどの程度の影響を与えると考えるかである。接戦の時など、影響が大きいと感じれば投票に行く。政党間の期待効用差とは、政党間で政策・主張がどれほど異なっているかである。有権者が「どこでも同じ」と感じれば、棄権につながる。投票コ

48　第4章　有権者と選挙

ストとは、金銭だけでなく、手間やほかの用事への支障であり、これが高ければ棄権が増える。長期的利益は、投票によって、市民としての義務を果たすことで得られる満足感などである。

　要因をモデル化して式であらわしたのが、ライカーとオードシュックである。

　　R＝P×B−C＋D

　期待効用差モデルと呼ばれるこの式で、Rは、有権者が投票により得られる見返り（効用）を示す。Pは自分の票の重要性、Bは期待効用差、Cは投票コスト、Dは長期的利益である。式に照らすと、各政党や候補者の主張に明確な違いがあり、有権者が自分が投じる票の影響力が大きいと感じ、投票コストが低く、有権者が投票義務感を有している時、Rの数値は大きくなる。一方、Rが小さくなるほど、有権者は投票に行かなくなるということになる。

　フェアジョンとフィオリーナは、異なる視点を導入した。彼らは、人々は、不確実な情報のもとでは、損失をできるだけ小さくしようという行動パターンをとる（後悔を極小化しようとする）という、ミニマックスリグレットモデルminimax regret modelを用いて、人々の投票行動を分析した。

　モデル化の妥当性については議論があるところだが、モデル化することで見えてくるものがある。たとえば、投票制度の改善によって投票コストを下げれば、投票率の上昇を期待できるといったことである。

（2）投票行動研究：選択する理由

　有権者がなぜその候補者や政党に投票するに至るのかも研究の対象である。

　マスメディアが発達をした20世紀前半、アメリカ大統領選挙でのマスメディアの影響力を調査したコロンビア大学の研究者たちは、ラジオなどのメディアの影響で投票先を変える有権者はあまり多くないことを発見した。人々は、メディアから伝えられる情報よりも、周辺にいる信頼できる人の意見、自分が属する社会集団の多数派の意見の影響を受けて、誰に投票するかを決めるというのである（第11章参照）。

5．現代の有権者と選挙

アメリカにおいては、**政党帰属意識**も投票行動を説明する重要な要因と考えられている。アメリカ人の多くは、かなり明瞭な政党帰属意識を持っており、政策ではなく政党が投票先決定の決め手であるというのである。

政策投票という概念は、アメリカ以外の有権者にもあてはまる。これは、有権者は自分の考えに最も近い候補者や政党に投票するという主張である。候補者や政党と自らの政策的立場（政策位置）を一次元的（直線上）に並べた時、有権者は自らの政策位置に一番近い候補者や政党に投票すると説明される。

政策投票に対しては、有権者が自らや他者の政策位置を正確に把握するのは難しいのではないかという批判がある。そこで登場したのが、**業績投票**モデルである。有権者は、政策や政党の方針について詳しく知らなくても、これまでの政府の業績については知ることができる。そこで、有権者は、これまでの業績の可否を基準に投票先を決めるということになる。業績投票はわかりやすい概念であるが、業績をどう判断するか、業績がよくないとしても、その責任がどこにあるのかを正確に判断するのは難しい、といった問題点もある。

投票行動を解明しようという試みは、様々につづけられている。

（3）政治的有効感覚と投票率

有権者の心理に注目して投票参加を説明しようとするのが、**政治的有効感覚**という概念である。これは、自分が政治に何らかの影響を及ぼしうるという感覚であり、有権者が政治家や政党の行動をコントロールできるという自信を持っていることを意味する。この感覚が強い有権者は、投票に行くであろう。

一方、投票しても何も変わらないからと投票に行かない有権者は、政治的有効感覚が欠如しているということになる。政治的無力感や政治的疎外感が強いと言いかえてもよいだろう。社会的亀裂が大きな社会で、少数派に属している場合や、複雑化した政治社会で、個人が判断を下すのが困難であると感じる場合などに生じがちである。

また、近年指摘されるのは、政治家や政党への不信感から、投票に参加しない人々の存在である。メディアやネットワークが発達した現代では、有権者が政治家や政党の行動を詳しく知る（モニターする）ことが容易になった。その結果として、期待を裏切られる（エージェンシー・スラック agency slackの大きさに気づく）ことも増えてきた。**エージェンシー・スラック**とは、代理人（政治家や政党）の行動と本人（有権者）の期待の間に生じるギャップのことである。ギャップに落胆した有権者は、棄権したり、タレントなど「面白そう」な候補者に投票したりすると考えられる。

　政治的有効感覚を高めるのは容易ではない。国民投票や住民投票など直接民主政的手法の導入は、有権者の参加意識を引き出すためには有効であるが、政治家や政党をバイパスすることで思わぬ結果が生じることもある。EUからの離脱の是非を国民投票に委ねたイギリスの例は、象徴的である。

（4）変化する有権者と選挙

　現在、選挙が様変わりしつつあるという国々がある。投票率の低下傾向は多くの国に共通だが、国によって、選挙ごとに大勝・大敗を繰り返す、選挙が人気投票化してきた、既成の政党への支持が減少し、極端な主張で有権者を引きつけようとするポピュリズム的な政党が人気を博すようになった、などの現象が指摘されている。このような変化は、選挙がその機能を果たさなくなっている、あるいはその機能が変化してきたことを意味する。

　今日の世界では、有権者の価値観や利害関係は多様化している。そのため、有権者には、支持政党を持たなかったり、投票先を選挙のたびに変えたりする人々も多い。このような有権者が選挙で投票する際の判断のもとになるのは、マスメディアから流れてくる情報やイメージ、あるいはネット上で入手した、時には真偽が明らかではない情報である。判断の基準は、本人の利害関係であるとは限らない。そのため、現代の選挙は、争点を単純化してわかりやすくしたり、有権者受けしそうな政策をかかげたりする一方で、膨大な労力をメディア対策につぎ込む**イメージ選挙**となっている。

5. 現代の有権者と選挙　51

メディアを利用したイメージ選挙における有権者は、観客であり、応援団である。メディアの特性をうまく利用した政治家や政党は、有権者の支持を集めることができる。テレビ映りがよく、わかりやすい言葉で語りかける政治家は魅力的だし、ツィッターで自ら発信する政治家に有権者は親しみを感じる。観客であり応援団である有権者は、自分が支持した政治家や政党の政策に、自分たちにとって都合が悪いものが含まれていても、それを知らないままである。

　現代の有権者は、選挙を、特定の政策についてイエス、ノーを示したり、リーダーに対する評価を示したりする場ととらえる傾向が強い。そこで、争点化されなかった問題や、新しく生じた問題への対処を誤ると、また、リーダーが期待にこたえないと、有権者は失望し、リーダーや政党への支持は急落する。選挙の勝敗はめまぐるしく入れかわり、政治家は対策におわれることになる。

　選挙は、その時々の、政党や政治家への人気投票であることは否定できない。しかし、現在の人気投票化した選挙では、有権者の長期的な意思を推しはかることはほとんど不可能になっている。政治的有効感覚が低下するなかで、有権者の観客化・応援団化も進行する。現代の有権者と選挙を巡る状況は、かなり難しい局面を迎えている。

（甲斐　祥子）

5　政　　　党

> [反政党党]　参議院議員選挙が近づいてきた。大学生の吉岡さんは、立候補者のポスター掲示板に見慣れない政党名を発見した。その名を、「反政党党」。スマホで検索してみたところ、反政党党は、公約や方針は定めず、政策ごとに支持者にネットで投票してもらって態度を決定するという。既成の政党に不信感を抱く無党派層の支持を期待しているらしい。
> 「いくらネットでの投票が簡単でも、あらゆる政策にその都度投票なんてできるわけない。そんな政党なんて」と思いつつ、吉岡さんはちょっとひっかかった。「政党があるのがあたりまえだと思っていたけれど……」。海外には、組織らしい組織がなく、党首の人気だけで人々の支持を集めている政党があると聞いたこともある。「政党とは何なのか、何のために存在するのか」吉岡さんは、少し勉強してみたくなった。

1．政党とは何か

　今日の議会制民主主義において、政党はきわめて重要な位置を占めている。政治は政党政治の形式をとっており、政府形成の主体は政党であるし、選挙も議会の運営も、政党の存在を前提としている。
　議会での決定や選挙での代表の選出が、多数決を原則としているために、数の力を求めて何らかのグループが形成されるのは、当然といえば当然である。とはいえ、現在の政党は単なる仲良しグループではない。大政党ともなれば、全国的な組織を持ち、日本の場合は政党交付金というかたちで巨額の国費の投入を受けながら、一国の政治を左右する存在なのである。それでありながら、政党は依然として公的機関ではない。人々は自由に政党を作った

り、党員になったりできるのである。そもそも、政党とは何なのだろうか。

（1）政党の定義

　政党とは何かと問われたとき、具体的な政党名を挙げることはできるが、それらのすべてにあてはまるように政党を定義するのは困難である。国政を争う大政党もあれば、国会議員数人を擁するのみの小政党もある。組織や党員を有さずに、政党を名のって選挙に参加をする政党もある。議員は一人もいない政党も存在しうるのである。

　どんな政党であれ、共通する活動は、選挙に候補者を立て、当選をめざすことである。政党によっては、議会の議席の多数を握って、政権を獲得することをめざしている。選挙後は、公約として示した政策の実現をめざす一方、次の選挙に備えて、有権者の支持を獲得するための活動をする。

　18世紀イギリスの政治思想家エドマンド・**バーク**は、政党とは、「全員が一致するある特定の原理に基づき、一致団結して国民的利益を増進しようとして統合した人間集団である」としている（佐々木・鷲見・杉田、1995年）。バークの定義は、それまで派閥や徒党とみなされがちであった政党に、積極的な政治的意義を見出そうとしたとして名高いが、政策や政治理念の一致を政党の要件とみなしているといえよう。この政党観は、その後、議会制の原理として流布することになった。

　政策や政治理念は、現在、少なくとも表向きには政党を動かす要素として重視されている。とはいえ、現実には、それ以外の要素が政党の結集力の源であることも多い。たとえば、その政党に属すると権力を握る・権力に近づくことができる、その政党に属していると選挙での当選可能性が高まる、などである。

　そこで、ここでは、定義とは言いがたいが、政党について一応次のようにまとめておこう。政党とは、特定の目的で結びついた人々が、選挙を通じて政権や政治的影響力を獲得することをめざして活動するための組織である。

54　　第5章　政　　　党

（2）政党の機能

　政党は、利益団体と同じように、政治と社会をつなぐ**中間集団**である。現代の政治で政党が果たしている主要な機能をまとめておこう。

　機能の第一は、**政策形成機能**である。これは、**利益集約機能**と**利益表出機能**との二つに分けられる。社会に存在する様々な利益や意見を集約して政策化するのは、政党である。政党は、選挙でできるだけ多くの有権者の支持を獲得しようとする。有権者の利益や意思は時には対立しているので、政党はそれらを調整・統合し、多くの有権者に受け入れられる政策プログラムとして有権者に示す。多様な利益や意思が、政党によって集約され、政策化されるのである。また、選挙で有権者の好み（利益）が明らかになるので、政党は有権者を代表・代弁して、それらを政治の場に伝達（表出）し、政策を実現するために努力する。法案を作成して議会に提出し、法案について議論をすることでその機能は果たされる。

　第二の機能は、**政治家リクルートメント**と政治家育成である。政党は選挙で自党の候補者を当選させようとするが、その際、候補者が魅力的であることは重要なポイントである。また、党首は党の顔であり、場合によっては首相候補でもあるので、有権者をひきつける力が必要である。そこで、政党は政治家志望者のなかから、選挙で当選できるような候補者を探し出す。さらに、選挙運動だけでなく政党の運営や政党内での競争を経験させ、国家の運営にふさわしい指導者を選抜・育成していくのである。

　第三の機能は、議会政治の運営と政権の担当である。議員を当選させた政党は、議会政党として、政策の実現をめざして活動すると同時に議会の運営にあたる。多数派の政党は議長や委員長のポストを占めるし、議事日程などは各政党が交渉して決定する。また、議院内閣制の場合は、多数派の政党から首相が選ばれ、内閣を組織して政権を担当する。与党（政権党）は政権を支え、野党は批判勢力としてその役割を果たす。

　第四の機能は、国民の**政治教育機能**である。政党は、選挙運動や日常の活動によって、政治にあまり関心のない人々をも政治に引き寄せ、政治への参

1．政党とは何か　　55

加を促す**政治的社会化**という機能も果たすことが期待されている。

■■ 2．政党の発生と発展 ■■

　現在の政治に欠くことができない存在である政党は、どのようにして発生
し、発展をとげてきたのだろうか。

（1）政党の発生と発展

　党派、派閥としての政党には、政治と同じくらい長い歴史がある。利益や
意見を異にする人々の間では、数の力がものを言うので、何らかの党派や派
閥が生まれるのは自然なことである。古代のギリシアやローマにも、また中
世のヨーロッパにも党派は存在した。

　現在の政党につながる政党が姿をあらわしたのは、17世紀末のイギリス議
会であった。王権のありよう、議会のありようについて考えを異にする議員
たちが、それぞれグループを作ったのである。トーリーとホイッグと呼ばれ
た二つの党は、次第に交代で政権を担当するようになっていく。

　とはいえ、トーリーもホイッグも、議員で構成された議会内のグループに
すぎなかった。両党をなり立たせる要素は、現実には政策や信条というより
も、議員個人の交友関係や**クライエンテリズム**（親分─子分関係）であった。
当時は制限選挙の時代であり、地方の有力者である議員たちは、選挙で当選
するために十分な個人的影響力を有していたので、政党の地方組織は必要な
かった。この時代の政党は、自らの利益の実現をめざし、党利党略に走るも
のであるとして、否定的にとらえられることも多かった。

　このような政党が、政党政治を担う存在に変貌したのは、19世紀半ばであ
る。この時代、選挙権の拡大により、選挙で当選するために、個人的影響力
の及ばない多くの有権者の支持を獲得する必要が生じた。そこで、選挙区ご
とに党員や専門の職員を擁する議会外の党組織を整備し、選挙運動や日常の
活動をおこなうようになったのである。候補者にとっては顔が見えない有権

56　　第5章　政　　　党

者の票を獲得するために、また有権者にとっては誰に投票すべきか判断する
ために、政党のラベルは役に立つ。候補者は政党名とともに政党の公約をか
かげて選挙を戦うようになる。政党の存在感は高まり、地方組織を束ねる党
の中央組織や、党の方針を公に示すものである綱領、党規律などが整備され、
政党は発展をとげていった。イギリスのトーリーとホイッグは、この時期に
党組織を整備し、現在でも保守党、自由民主党として活動している。

（2）政党の類型

　ドイツの社会学者マックス・**ヴェーバー**は、政党の発展を、**名望家政党**か
ら**近代的政党**への発展として説明した。ヴェーバーは、制限選挙の時代に、
政治に参加する余裕（財産と教養）がある有力者が支配した政党のことを名望
家政党と名づけた。名望家政党では、地方の有力者が選挙区を牛耳り、政治
は副業や名誉職としておこなわれていた。19世紀、選挙権の拡大とともに政
党の役割が変化し、登場したのが近代的政党である。ヴェーバーは、近代的
政党では、大衆が党員として組織化され、党の指導者も党員の支持を得て登
場するとしている。

　フランスのモーリス・**デュベルジェ**は、政党のなり立ちに注目して幹部政
党と大衆政党、中間形態としての間接政党という概念を打ち出した。**幹部政
党**は、議員が主導権を握る政党である。地域社会の有力者を中心に支持者が
集まり、有力者を議員として選出する。選出された議員たちが集まって形成
されるのが幹部政党である。そのため、議会外の組織はゆるやかで分散的で
ある。アメリカの二大政党や、西欧諸国の保守政党は幹部政党的であるとさ
れる。一方、**大衆政党**は、選挙権の拡大を背景に大衆を組織化し、議会外の
大衆の利益や意思を議会に持ち込んで政治に反映させようという政党である。
議会外の組織は強力で、党としての結束力も強い。社会主義政党や西欧諸国
のキリスト教政党が典型的である。**間接政党**は、幹部政党と大衆政党の中間
に位置するとされる。

　これまで述べてきたのは19世紀から20世紀前半の政党のなり立ちに注目し

2．政党の発生と発展　　57

た類型論だが、20世紀後半の変化に応じた類型論もある。

　ドイツのキルヒハイマーは、第二次世界大戦後の政党の変化を包括政党化ととらえた。**包括政党**は、社会階層や職業、地域を限定せず、あらゆるタイプの有権者の支持を得ようとして、誰にでも受け入れられそうな政策をかかげる。戦後の経済成長により有権者の価値観が多様化し、それまでの政党支持の枠組みがあいまいになったことが、包括政党出現の背景である。かつての大衆政党だけでなく、アメリカの二大政党をはじめとして、かつての幹部政党も包括政党的な性質を強めている。

　包括政党では、政党と有権者との接点はおもに選挙のみということになる。そこに注目するのが、**選挙─プロフェッショナル政党**という概念である。選挙─プロフェッショナル政党においては、宣伝やマーケティングの専門家が重きをなし、リーダーや特定の争点を有権者に売り込むことに努める。一方、伝統的な党組織の役割は小さくなり、党員数は減少する。現在では党組織と呼ぶべきものが存在せず、党員もいない政党が、一定の支持を集めることもある。そのような政党は、メディアを通じて、党首のキャラクターや（多くの場合過激な）主張をアピールして支持を広げようとする。まさに、選挙─プロフェッショナル政党の究極の姿である。

　今日の政党が市民社会との結びつきを弱めていることに注目したのが、**カルテル政党**という概念である。そもそも政党は、中間集団として、社会に軸足を置きつつ、社会に存在する多様な利益を政治の場に持ち込む役割を負う。ところが、カルテル政党は全面的に国家に依存している存在である。日本も含め政党への助成制度が存在する国では、政党は、**政党交付金**などのかたちで国家から資金の提供を受け、また選挙時にも選挙運動に必要な資源の提供を受ける。選挙では競争はおこなわれるが、どの政党も事情は同じなので、実際には主要な政党がカルテルを結び、新規参入を抑えつつ、既得権益を守るために結託しているとみなすことができる。政党の中間集団としての性質は弱まり、政府との結びつきが強まっていくのである。

　時代に応じて政党の姿は変わってきたし、現在も変わりつつある。それに

従って、新しい政党論が登場している。

■■ 3．政党の組織 ■■

　政党に多くの類型があることからわかるとおり、政党の組織は一様ではないが、基本的な構造を確認しておこう。

（1）政党組織

　現代の既成の政党は、基本的に、何らかの理念にもとづく党の方針をかかげ、それを実現すべく力を尽くす政治家（議員）を擁している。組織としては、議員からなる議会政党部分と、それを支える議会外の政党組織からなり立っている。議会外の政党組織はピラミッド型の構造で、党首─役員会や中央執行委員会など─中央本部（以上が党執行部）─地域支部─選挙区支部─党員、と階層的に構成されている。また、政策や活動方針を

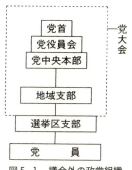

図5-1　議会外の政党組織

決定する最高の議決機関として党大会があり、党執行部だけでなく地方の代表が参加することになっている。これらの階層のうちどれが強力であるか、集権的であるか分権的であるか、党大会の実質的な権限がどれほどであるか、議会政党と議会外の組織のいずれが強力であるかは、政党の類型により、また個々の政党の事情によって異なっている。たとえば、幹部政党の流れをくむ政党では議会政党が優位であり、大衆政党型の政党は議会外の政党組織が優位である。

　19世紀後半から20世紀にかけて形成された西ヨーロッパ諸国の政党はおおむねこのような組織であり、日本の既成政党もこのような形態をとっている。ところが、アメリカの政党の組織は少し違っている。

　アメリカの政党は、そのなり立ちからして、何らかの理念やそれにもとづ

く政策の実現をはかるというより、人々が支援する候補者を当選させるための運動組織としての側面が強かった。そのため、党員概念も希薄で、党員になるのも、やめるのも容易である。組織もゆるやかで、階層的に統合されているというより、ネットワークでつながっていると言ったほうがよい。そもそもアメリカは連邦制なので強力な党の中央組織は存在しない。大統領は党首ではないし、党大会も候補者選びのために開催されるのみである。近年では政党組織に変化が見られるとされるが、アメリカ的特徴は依然として存在し、それは、大統領選挙の候補者決定過程などに見ることができる。

（2）議 会 政 党

　議会に議席を有している政党（議会で活動する政党）を**議会政党**と呼ぶ。議会政党は議員で構成され、議会政党として認められた議員団体のみが、議会運営上の決定にかかわることができる。日本では会派と呼ばれ、二人以上の所属議員がいれば認められる。厳密には、会派と政党は同一ではないが、多くの場合メンバーは重なっている。

　議会政党の組織としては、党指導部、議会対策組織、党政策委員会、議員総会が重要である。

　党指導部は、議会外を含めた党全体の指導部である。党を率いる党首は、議院内閣制の場合は、それぞれの政党の首相候補であり、いわば党の顔である。政党により違いがあるが、党首は議員や党員による選挙で選出されることが多い。党首につづくのは、党運営や議会運営にあたる幹事長である。書記長、院内総務などと呼ばれることもあるこの役職は、選挙運動の指揮をとる一方、人事、政治資金の分配などにも大きな力をふるう党内の実力者である。

　議会対策組織も重要である。国会対策委員長や院内幹事などと呼ばれ、他党と議会運営の交渉や議事日程の調整をおこなう。所属議員が党議決定に従って投票するように指示するのも仕事の一つである。イギリスでは、ホイップと呼ばれるが、これは鞭 whip で、議員たちを採決に駆り出すという意味

60　　第5章 政　　党

である。

　党政策委員会は、政策分野や各省庁に対応して、政党が設置するものである。日本では、政務調査会、政策審議会などの名で呼ばれており、その委員長は党の政策決定にかかわる重要ポストである。議員は、自分が関心を持つ分野の部会に所属し、政策の研究や法案の検討をおこなう。自民党長期政権時代には、自民党の政務調査会が、各省庁での法案作成段階から各省庁と連絡をとる与党事前審査という慣行ができ上がっていた。

　議会政党における最高の意思決定機関は、党に所属する議員全体によって構成される議員総会である。特に、議会政党優位型の政党では、党大会とならぶ地位を占めている。緊急の場合は、党大会に代えて決定をすることができるようになっている場合もある。

　政党においては、正式の政党組織ではないインフォーマルな組織である**派閥**が大きな役割を果たす場合もある。派閥とは、クライエンテリズムを軸に形成されているもので、党内の党と言うべき存在である。自民党の長期政権時代には、派閥間の激しい争いが政治の混乱を招いたことが知られているが、一方で派閥がしのぎを削ることが自民党の活力源であったとの説もある。

■ 4. 政 党 制 ■

　政党政治の枠組みのことを**政党制**（政党システム）と呼ぶ。主要政党の数、政党間の勢力バランス、政党の政策の相互関係などによって決まり、国の政治のありようを特徴づけている。

（1）政党制の類型

　政党制の分類では、主要政党の数に注目して、一党制、二党制、多党制と区分するものがある。デュベルジェの分類がこれである。

　現在では、ジョヴァンニ・**サルトーリ**による、さらに精緻な分類がよく知られている。サルトーリは、政党制を、政党数と政党間のイデオロギー距離

4. 政 党 制　61

（政党同士のイデオロギー的な違い）を基準に、7種に分類した。

①**一党制**：政党数が1で、その政党が支配している。全体主義体制下のように、公認政党しか存在が認められていない政党制。

②**ヘゲモニー政党制**：政党は複数存在するが、その活動が制限され、制度的に特定の一つの政党が支配するようになっている。権威主義体制などに多い政党制。

③**一党優位政党制**：複数の政党が競争するが、結果的に特定の一つの政党が政権を独占する。日本の自由民主党の長期政権、インドの国民党政権など。

④**二大政党制**：有力な二つの政党が競争し、選挙で勝利した政党が政権を担当する。政権交代がしばしばおこるとされる。イギリスやアメリカなど。

⑤**穏健な多党制**：政党数は3～5で、イデオロギー距離が比較的近く、そのうちのいくつかで連立政権を形成する。ドイツがその典型とされる。

⑥**分極的多党制**：政党数が6以上で、イデオロギー距離が大きい政党が存在し、遠心的な傾向が強いため、安定した連立政権を維持するのが難しい。ワイマール共和国時代のドイツ、第二次世界大戦後のイタリアなど。

⑦**原子化政党制**：有力政党が存在せず、政党が乱立し、連立政権の形成も不可能な政党制。

　これらのうち、民主主義における政党制としてふさわしいのは、どれであろうか。国民の意思が議会の構成や政策にできるだけ正確に反映されること、政治が安定すること、政権に実行力があること、を手がかりに考えてみると、③、④、⑤の評価が比較的高くなる。

　第二次世界大戦後、評価が高かったのは、④の二大政党制であった。これは、イギリスやアメリカで比較的安定した政治がおこなわれてきたという経験から導き出されたものであった。二大政党制では、選挙で勝利した政党が単独政権を作るので、政権は安定し、しかも政権交代によって政治の腐敗もおこりにくいと評価された。

　一方、近年では、⑤の評価も高い。連立政権は不安定になりがちだとされるが、ヨーロッパ大陸諸国で、現実には安定的な政治を実現してきたという

実績がある。二大政党制では無視されがちな少数者の声も政治に反映される
ため、社会的亀裂（民族、言語、宗教、社会階層などによる分断）が存在しても、
それが政治の混乱につながりにくいと考えられる。

　③の一党優位政党制は、政権交代がないことで政治が安定し、政策の一貫
性が保たれる点がメリットとされるが、政治の腐敗や停滞につながる危険性
もある。

（2）政党制と政治

　政党制は国ごとに異なっている。このような多様性はなぜ生み出されるの
だろうか。

　ある国の政党制を作る要因としてまず指摘されるのは、どのような**社会的
亀裂**が存在し、それぞれのグループがどのように関係し、どのように扱われ
ているか、である。政党は、社会的亀裂に応じて生まれ、政党制も形成され
るというわけである。

　リプセットとロッカンは、西欧の社会的亀裂の例として、①国民国家形成
時の中央—地方対立、②都市—農村対立、③国家—教会対立、④資本家—労
働者対立、を挙げ、政党はこれらの亀裂を反映しつつ形成された、と考えた。
リプセットとロッカンについては、1920年代の各国の社会的亀裂が1960年代
の政党制を規定したという、「政党システムの凍結仮説」も知られている。

　民族、言語、宗教などによる分断のあるなしも、上記のような社会的亀裂
と複雑に絡みあいつつ政党制に影響を与える。一般に、複数の言語や宗教グ
ループが存在する国では、政党の数が多くなる傾向がある。

　また、選挙制度とのかかわりも指摘せねばならない。前述のデュベルジェ
は、政党制を規定する要因として選挙制度に注目し、小選挙区制は二党制と、
比例代表制は多党制と結びつくとした。**「デュベルジェの法則」** として知ら
れる説である。

　デュベルジェは、小選挙区制が二大政党制につながる理由を、機械的要因
と心理的要因に分けて説明している。機械的要因は、各選挙区で１位になら

4．政 党 制　　63

ねば当選できない小選挙区制では、大政党が有利で小政党はきわめて不利である。大政党はしばしば過大に代表される一方、小政党の進出は抑制される（第4章4参照）。心理的要因は、第三党以下の支持者の投票行動にあらわれる。第三党以下の支持者は、自分の票が死票になることを嫌い、二大政党の候補者のうち「まだまし」と思われる候補者に投票するので、二大政党制が強化される。一方、比例代表制では、各党の得票率に応じて議席が分配されるので、小政党であっても相応の議席を獲得できる。そこで、有権者も安心して小政党に票を投じ、結果として多党制になる、というわけである。とはいえ、「法則」にあてはまらない事例も多いことも指摘しておかねばならない。

　社会的亀裂と選挙制度以外にも政党制を規定する要因は数多い。たとえば、議席数に応じて助成金が配分される政党への国庫補助制度は、既成の大政党に有利であり、新党の参入を難しくすると考えられる。さらに、大統領制か議院内閣制か、連邦制か否か、などの政府の形態も政党制に影響を与える。

　政党制は、その国の政治文化や社会のありように規定されている。そのため、ほかの政党制のほうがよさそうだからといって、取りかえるのは容易ではないのである。

（3）日本の政党制と選挙制度改革

　日本の政党制としては一党優位政党制が特徴的である。

　55年体制と呼ばれる自由民主党の一党優位体制の確立は、衆議院の**中選挙区制**と深くかかわっていたとされる。中選挙区制は、一つの選挙区から数人を選出する日本独特の選挙制度であり、1993年まで用いられていた。中選挙区制で、自民党が国会で過半数を占めて政権を維持するためには、一つの選挙区で複数の当選者を出さねばならない。有権者の票がうまく分散するとは限らないので、候補者は同一選挙区から立候補した同じ政党の候補者とも争うことになる。同じ政党の候補者同士では、政策よりも支持者にどのような利益を提供できるかの争いになりがちである。そのため、選挙は政党主体で

はなく、候補者の**後援会**や党内派閥が中心になり、多額の選挙資金を費やして票を競うことになった。その結果として自民党は広範な支持者を獲得することに成功する一方、金権選挙との厳しい批判も浴びた。一方、小党分立気味の野党は候補者を擁立する選挙区を絞りこむため、多数の当選は望めなかった。こうして、自民党の一党優位体制は確立したのである。

　自民党一党優位体制は、1993年に一旦くずれ、非自民の**細川政権**が成立した。それまでの政―官―業の癒着構造や金権政治が批判を浴びるなかで、政治家の汚職が相ついだこともあって、国民の政治不信は頂点に達したからである。政治改革が唱えられ、その改革のターゲットとされたのが、中選挙区制であった。金のかかる選挙こそが金権政治の温床だとされたのである。

　細川政権下の公職選挙法改正で、新しい選挙制度として採用されたのが、現行の**小選挙区比例代表並立制**である。小選挙区制を中心とし、小党への配慮として比例代表制を組みあわせた制度である。小選挙区制導入の目的としては、金のかからない、政策本位の選挙を実現する、政権交代のある腐敗のない政治を実現する、などが挙げられた。デュベルジェの法則に言及し、二大政党制の実現を期待する声もあった。

　選挙制度改革後、日本の政党制はどのように変わっただろうか。2009年の民主党政権の成立は、二大政党制の到来を予感させた。また、2009年と2012年に選挙による政権交代がおこったことは、日本の政治風土の変化を感じさせた。とはいえ、1996年の橋本政権以後、民主党政権の３年を除いて、自民党が政権を事実上独占してきた。自民党の対抗勢力が存在感を発揮できない状況では、一党優位体制は以前よりかえって強化されたようでもある。大政党に有利な小選挙区制は、自民党に支持率以上の議席を与え、「一強」を支える役割を果たした。また、政治改革の一環として導入された政党助成制度にもとづく政党交付金も、大政党を財政的に支えている。制度を変えるだけで政党制を変えるのは難しいようである。

4．政党制　　65

5．変化する政党と政党制

　近年、人々の政党への態度に変化が生じている。固定した支持政党を持たない有権者が増えたのは、日本だけではない。既成政党を批判するポピュリスト的な政治家や新政党が支持を集めている国も少なくない。

（1）政党の機能不全

　そもそも、政党は難しい役割を負っている。政党の重要な機能は、人々の利益を集約して政策化することである。その際、まず支持基盤の利益に配慮するわけだが、同時に、選挙や議会での議論の過程で、支持基盤ではない人々の利益も集約していかねばならない。政権を担当する場合は、国民全体への配慮が必要になる。利益は対立する場合もあるから、利益集約と政策化を多くの人々を満足させるようなかたちでおこなうのは至難の業である。

　20世紀後半の社会の変化は、政党にさらなる困難をもたらした。この時代になると、産業構造が変化し、従来の社会的亀裂とは異なる亀裂が発生し、既成の政党の支持基盤に収まりきらない人々が増加した。これにともない、人々の政党への帰属意識も希薄になり、選挙ごとに投票する政党を変える有権者も増加した。冷戦構造の終焉や経済のグローバル化は、従来の保守政党と社会主義政党との対立軸をあいまいにし、有権者の政党支持態度に変化をもたらした。教育水準の上昇やマスメディアの発達により、有権者の政治的能力が向上したことは、政党への視線を厳しいものに変えた。

　このような全般的な**政党離れ**の進行は、政党の機能不全につながる。政党離れに悩む政党は、従来の支持基盤の引き締めをはかろうとする。特定の組織や利権と結びつき、**利益誘導・利益配分**を展開するようになり、国民全体の利益は顧みられることがなくなる。他方で、従来の支持層との結びつきを弱めたあげくに、方向性を見失って衰退する政党も出てくる。こうして、政策形成（利益集約と利益表出）という政党の重要な機能が十分に働かなくなってしまうのである。政治家リクルートメント、政治家育成の機能に関しても、

66　　第5章　政　　　党

同様である。特定の支持基盤がある候補者や世襲の候補者が擁立されることが多くなる一方で、新しい人材の発掘は進まず、一般の人々と政党との距離はますます広がっていくのである。

　機能不全に陥っているにもかかわらず、選挙の時だけ甘い公約を囁く、支持率の上下に一喜一憂して人気取りに走る、政党同士の争いや党内の抗争に終始する、こういった政党の姿に、不信感を抱く有権者は多い。日本で世論調査をすると、支持政党を持たない**無党派**が最大勢力であるのが常態となっている。

（２）既成政党批判と変化する政治

　これまでに述べたように、近年めだっているのは、既成政党批判である。それを象徴するのが、無党派層の増大とともに、極右政党など、既存の政党類型にあてはまらない政党への有権者の支持の拡大である。2016年のアメリカ大統領選挙でのトランプ候補当選の背景にも、既成政党への反感があったとされる。

　ヨーロッパの国々では、1990年代から、移民の排斥など極端な政策をかかげる政党が一定の支持を集めるようになった。さらに、グローバル化による経済的格差の拡大、ヨーロッパ統合の進行、それにともなう移民・難民問題の深刻化により、反EU、移民排斥、自国民第一主義などを主張する政党が支持を拡大した。それらの多くは、一つの主張だけをする**単一争点政党**であったり、従来型の政党組織がない、党首の「個人政党」というべき存在であったりする。

　また、現在、世界的に見られるのは、重要な決定を国民投票や住民投票といった直接民主政的な手段に委ねることである。政党による利益集約を経ない決定方法が、国民の意思を確認する手段とされているのである。さらに、情報通信技術が発達した現代社会では、莫大な数の有権者が、議会や政党を介することなく直接に決定や議論に参加することは、もはや夢物語ではなくなりつつある。政党は現代の政治においても多くの機能を果たしており、そ

の存在意義を失ったと言うことはできない。しかし、有権者の政党不信が高まるなかで、政党自身が新たな仲介者としての役割を模索しなくてはならない時代がはじまっているのである。

コラム：カルテル政党化と新しい政党の台頭

　近年、極右政党や左派新党、ポピュリスト的な政治家が有権者の支持を集める傾向がある。フランスの国民連合、イタリアの五つ星運動、オランダの自由党、スペインのポデモス、アメリカのトランプ政権……登場の背景にはその国特有の事情もあるが、共通しているのは既成政党への不信感である。既成政党が機能不全に陥っている上に、カルテル政党化していることへの不満である。カルテル政党とは、政党助成の制度がある国で、諸政党が、新規参入を抑えつつ、既得権益を守ろうとする、という概念であるが、政党助成がない国でも、主要政党が経済界と深く結びつき、多額の政治資金の提供を受けている場合は、カルテル政党化しているとみなしうる。「既成政党は、特定の勢力と結びついて、その利益や既得権益を守ろうとしている。国民の方を向いていない」こういった不満が広がったとき、有権者の視線は、「何かを変えてくれそう」な新しい政党や、「我々だけが国民の味方」と主張し、過激で排外主義的な政策を唱えるポピュリズム政党へと向けられるのである。

（甲斐　祥子）

6 利益団体

> [利益団体は必要？] 岡野くんは、以前は「利益団体」や「圧力団体」という言葉によい印象を持っていなかった。資金力や集票力を武器に、自分たちの主張をまさに政治の場で強引に実現しようとしている団体と考えていたからであり、利益団体は今日の民主政治において必要なのかとさえ思っていた。
> しかし、岡野くんは、労働団体の調査によって非正規雇用の実態を知った。また、経済団体の調査によって私たちの生活が貿易に支えられていることを知った。さらに、環境保護団体の調査から、地球温暖化の問題が深刻さを増していることを知った。
> このように、利益団体が発表する情報に接するなかで、岡野くんは、利益団体は社会にある多様な意見を政治の場に届けたり、人々の政治的関心を高めたりしており、今日の民主政治において重要な役割を果たしているのではないかと考えるようになった。そこで、利益団体とはどういった団体なのか、また日頃どのような活動に従事しているのかなど、岡野くんは真剣に勉強したいと思うようになった。

■ 1. 利益団体とは何か ■

今日、**利益団体**は政党や官僚などとならんで政治の場で重要な役割を果たしていると考えられているが、利益団体とは、利益を共有する人々が、共通の利益を実現するために組織化されたものである。組織化とは、単に集団になっているということではなく、団体から便益を提供される代わりに、メンバーが一定の負担（資金、労力、情報などの提供）をする関係が成立している状態のことを言う。政治家らに「圧力」をかけるという点をさして**圧力団体**という言葉が用いられることもあるが、政治学の分野では圧力という否定的な

含みを持たない用語として、利益団体が使われる傾向がある。

　利益団体が政治の場に本格的に登場するようになったのは、19世紀末から20世紀初頭のことである。その背景としては、①資本主義が発展し都市化が進展したこと、②政府機能が拡大したこと（行政国家化）、③大衆民主主義が定着したこと、以上の三つが挙げられる。

　まず、資本主義の発展と都市化の進展は、人々の職業や生活条件の多様化をもたらした。住民が比較的均質であった農村社会とは異なり、都市では様々な職業や生活が混在し、人々の利益は錯綜し時に対立しあうようになった。また、政府の機能が質的にも量的にも飛躍的に拡大を遂げたことで、政治が国民のありとあらゆる領域に関与するようになった。政府の決定が人々の利害を大きく左右するようになったのであり、そのため政治に対して積極的に働きかけをおこなう必要性が生まれた。さらに、大衆民主主義が定着し、人々は自らの利益を政治に向けて表明し、その促進を求めることを当然の権利であると考えるようになった。

　ところで、利益団体は、大きく分けて経済的・職能的な利益を追求する団体と、より一般的・公共的な利益を標榜する団体の二種類がある。経営者団体、労働団体、農業団体、専門職の団体などは、前者にあたる。我が国で言うと、日本経済団体連合会（経団連）、労働団体の日本労働組合総連合会（連合）、農業団体の全国農業協同組合中央会（農協）、医師の団体の日本医師会などが挙げられる。

　これに対して1970年代に入りアメリカを中心に台頭するようになったのが、**公共利益団体**（**価値推進団体**）と呼ばれる団体である。公共利益団体とは、その会員だけで成果を独占できないような利益の実現を試みており、環境保護団体、消費者保護団体、政治改革団体、平和団体、人権団体などはその典型である。NPO（Nonprofit Organization：非営利団体）、あるいはNGO（Nongovernmental Organization：非政府組織）と称されている団体には、こうした公共利益の推進を目的とした団体が少なくない。

70　　第6章　利益団体

2. 利益団体の機能・活動様式・政治的資源

　利益団体が果たしている政治的機能としては、おもに三つを指摘することができる。第一に、**利益表出機能**である。利益表出機能とは、社会に存在している、様々な利益、要求、意見などを政治の場に表出することである。第二に、**利益集約機能**である。利益集約機能とは、表出された様々な利益や要求を一本化し、政策案へとまとめ上げることである。様々な利益や要求を表出しているだけだと、逆に政治の場は混乱しかねない。そこで、こうした利益集約機能が重要となる。第三に、**政治教育機能**である。利益団体は、マスメディアによって注目されていない問題を積極的に取り上げたり、主要な争点を巡る政党間の違いを明確にしたりすることで、人々の政治的関心を高めることに貢献している。第5章でも解説しているように、これらの機能は政党も有している。

　利益団体は次のような活動に従事していることで、上記の三つの機能を果たしていると考えられる。まず、第一に政策決定者への接触である。利益団体は、日々与野党の議員に対する働きかけをおこなっている。日本のように、官僚が政策決定において多大な影響力を持っているところでは、官僚に対する接触も重要となる。第二に、デモ行進、ストライキ、大衆集会、新聞・テレビなどでの広告などを通じて、世論の支持を確保しようとしている。第三に、選挙に直接関与しており、自前の候補者を主要政党から立候補させ、彼らの選挙運動を全力で応援している。第四に、より制度化された活動として、政府の審議会や諮問委員会に団体の代表を派遣している。

　言うまでもなく、すべての利益団体が同じ程度の政治的影響力を持っているわけではない。では、利益団体の影響力を大きく左右する、政治的資源（リソース）にはどのようなものがあるだろうか。

　真っ先に思い浮かぶのは、会員数であろう。多くの会員数をかかえればかかえるほど、潤沢な資金力と豊富な集票力を確保することができる。第二に、専門的情報や知識といった専門的な能力も重要である。政府が対策を検討し

ている問題、あるいは議会で審議されている問題について専門的に深く精通していれば、より大きな発言力を確保できる。第三に、与党政治家や官僚との密接なつながり（ネットワーク）である。有力政治家や官僚と深いつながりを持っていることは、政策決定に近いところに常にアクセスできることを意味し、有利であることは明らかであろう。

　第四に、社会における重要性である。たとえば、労働組合は時にストライキという手段に訴えることで、経営者に対して強い交渉力を持つことができる。第五に、利益団体がかかげる主張が国民からどの程度正しいとみなされているか、すなわち団体がかかげる主張の正当性も重要であろう。一部の人々のための利己的な要求にすぎないとみなされる場合と、より一般的・公共の利益に貢献する主張であるとみなされる場合とでは、世論の支持において大きな違いが生まれよう。なお、環境保護、男女平等、政治改革などを訴える団体は、こうした世論からの強力な支持を背景に影響力を確保していると考えられる（阿部・久保・山岡、2003）。

■■　3．利益団体の形成　■■

　いかにして利益団体は形成され、人々は利益団体に加入するのであろうか。これは利益団体研究において最も議論されてきたテーマの一つである。

（1）集合行為問題

　かつては、複数の人々の間で共通した利益が存在すると認識されていれば、その人々のなかから利益団体が自動的に形成されると考えられていた。しかし、アメリカの経済学者マンサー・オルソンは、『集合行為論─公共財と集団理論』のなかで、そのような素朴な見方を真っ向から否定する議論を展開した。すなわち、オルソンは仮に複数の人々が共通の利益を持っていることを明確に認識していたとしても、共通の利益を実現するためだけに、彼らが組織化して利益団体を形成することはないと論じたのである。

72　　第6章　利益団体

オルソンによると、個人が合理的に行動することを前提にすると、共通利益の実現のために費用などを負担するよりも、成果のみを享受するほうが合理的である。このような成果のみを享受しようとする人々は、**フリーライダー**（ただ乗りする人）と呼ばれる。そして、すべての人々がフリーライダーになろうとすると、集団は組織化されず団体は形成されないことになる。これは、**集合行為問題**と言う。

　集合行為問題は、小さい集団では発生しがたい。集団が小さいと、一人一人の活動が非常に大切になるため積極的にかかわらざるをえず、誰も手を抜くことができないからである。しかし、集団の規模が大きくなると、事情は変わってくる。周囲の目はさほど気にならなくなり、「自分ぐらい手を抜いても大丈夫」と成果のみを享受しようとするフリーライダーが続出し、その結果、集団の組織化が困難になっていくのである。

　とはいえ、現実を見渡すと、規模の大きな利益団体は無数に存在している。たとえば、日本医師会は16万8000人の会員を抱えている（2016年12月1日現在）。アメリカを代表する利益団体の一つであり、銃愛好家を代表する全米ライフル協会（NRA）に至っては、500万人を超えている。

　なぜ、大きな利益団体は数多く存在しているのであろうか。それは、規模の大きい集団でも、フリーライダーの発生を抑制する方策を整備すれば、利益団体を形成することができるからである。オルソンは、そのようなフリーライダーを防ぐ方策として、次の二つを挙げた。第一の方策は**強制**であり、共通の利益を持つ者を強制的に団体に加入させるしくみを作ることである。労働組合におけるクローズド・ショップ制（特定の労働組合に加入している労働者のみを採用するしくみ）は、この典型である。もちろん、あらゆるケースで強制加入が可能なわけではない。そこで、第二の方策として、**選択的誘因**というものがある。選択的誘因とは、団体に加入した場合にのみ手に入れることができる利益や特典のことであり、魅力的な特典を用意しておけば、人々の団体加入が促進されるというわけである（久米・川出・古城・田中・真渕、2011）。

3. 利益団体の形成

（2）公共利益団体の場合

　しかし、公共利益団体については、オルソンの議論は有効ではないと考えられている。そもそも、公共利益団体には強制力は乏しい。公共利益団体への加入は人々の思想信条にかかわる問題であり、加入を強制することはできない。また、選択的誘因も豊富にあるわけではない。経営者団体や業界団体などのように、高額な会費を徴収し潤沢な資金力を背景に活動しているわけではないため、魅力的な選択的誘因を提供できるだけの財政基盤はもともと弱い。

　しかし、規模の大きい公共利益団体は現実に多数存在している。アメリカの環境保護団体を代表するシエラ・クラブは300万人の会員をかかえ、同じく環境保護団体の全米野生生物連合については、400万人を超えている。では、なぜ強制力がなく、選択的誘因も豊富にあるわけではないのに、規模の大きい公共利益団体が存在しているのであろうか。その理由の一つに、**政治的起業家**と呼ばれる人々の影響が指摘されている。

　政治的起業家とは、利益団体の組織化に率先して取り組み、団体の創設にあたって一般のメンバーより多くの負担を引き受ける人々のことである。政治的起業家の動機としては、当然共通の目的に対する強い思い入れがある。しかし、それだけではない。団体内部での影響力を確保したり、自身の政治的・社会的な知名度を上げたりといった、個人的な動機から熱心に活動している者も少なくない。無論、経済的利益を追求する団体においても政治的起業家の存在は重要であるが、なかでも公共利益団体の形成において不可欠であると考えられている。長年、アメリカにおいて消費者保護運動を先導してきたラルフ・ネーダーは、こうした政治的起業家の典型であろう。

　この点に関連して、アメリカの公共利益団体の台頭においては、民間財団の助成金や行政機関の補助金も重要であったと考えられており、フォード財団やロックフェラー財団などの資金的援助が政治的起業家の活動を支えたと指摘されている。

4．アメリカの公共利益団体

　1970年代以降、アメリカでは公共利益団体が台頭したが、そのおもなものとしては、全米野生生物連合、シエラ・クラブ、世界自然保護基金などの環境保護団体、ラルフ・ネーダー率いるパブリック・シティズンなどの消費者保護団体、ジョン・ガードナー設立の政治改革団体コモン・コーズなどが挙げられる。また、人権擁護団体のアムネスティ・インターナショナルや、環境保護団体のグリーン・ピースのように、国際的に活動している団体もある。

　アメリカにおいて公共利益を重視する風潮が生まれたのは、1960年代である。広く知られているように、1962年のレイチェル・カーソンの『沈黙の春』という本が、農産物の生産性を上げるために多用された化学肥料や殺虫剤が自然に多大な悪影響をもたらしていると指摘したことで、環境意識を芽生えさせ、その後の環境保護運動へとつながった。また、1965年に発表されたネーダーの『どんなスピードでも安全ではない』という本が、自動車メーカーが利益最優先で安全性を軽視した車作りをおこなっており、それが交通事故の多発につながっていると告発したことで、消費者保護という意識を生み出した。

　また、1960年代はアメリカにおいて黒人の公民権運動、ヴェトナム反戦運動、学生運動、あるいは女性解放運動などが盛り上がった時代であったが、こうした社会変革を求める風潮も、環境保護団体や消費者保護団体などの誕生にとって大きな追い風になった。実際、1960年代の運動に参加した人々のなかには、その後環境保護運動や消費者保護運動にも身を投じた者も多いとされる（阿部・久保、2002）。

　なお、公共利益という言葉からは、非常に多くの人々の支持や共感を得ているとの印象を持ってしまうが、必ずしもそうではないことに注意すべきである。環境保護団体と経済団体が対立することはよく見られる。また、公共利益団体に熱心に参加しているのは、生活に比較的余裕のある高学歴・高所得の人々が多いとされ、メンバーに偏りがあるとの指摘もある。

コラム：国際NGO

　近年、数多くの国々でNPO/NGOの台頭が著しいが、NPO/NGOは各国の国内政治だけでなく、国際政治の舞台でも発言力を急速に増してきている。その有名な例として、1997年に対人地雷全面禁止条約が成立した背景には、地雷禁止国際キャンペーン（ICBL）の活動が大きかった。地雷禁止国際キャンペーンは、条約の成立に向けて、国際世論を先導し各国政府への働きかけを活発におこなった。そして、この時の活動が高く評価され、地雷禁止国際キャンペーンには1997年にノーベル平和賞が授与された。2008年のクラスター爆弾禁止条約においても、こうした国際NGOの活動が多大な影響を及ぼしている。

　一方、国際NGOのなかには、自らの主張を訴えるためなら手段を選ばない団体もある。たとえば、グローバル化に反対し、先進国首脳会談や世界貿易機関（WTO）に対して暴力的な反対運動をおこす国際NGOもある。

■ 5．利益団体政治 ■

　主要国において利益団体がいかに政策決定にかかわっているかについては、**多元主義**と**ネオ・コーポラティズム**という二つの見方がある。

（1）多 元 主 義

　利益団体研究は、第二次世界大戦後のアメリカにおいて大きく発展したが、そのなかで影響力を持つようになった議論が多元主義である。多元主義によると、アメリカ政治を動かしているのは、様々な団体の競争であり、決定される政策は数多くの団体の競合・交渉・妥協の結果であると主張された。また、非常に多くの人々が複数の団体に、しかも交差的に加入していることから、アメリカ政治では深刻な対立が生じることもないと指摘された。このような見方が長くアメリカの政治学者の間で支持されたのであった。

　しかし、政治学者のセオドア・ローウィは、1969年に発表した『自由主義の終焉』のなかで、団体間の自由な競争を通じて政策が決定されているので

76　　第6章　利 益 団 体

はないと、従来の議論を批判した。ローウィによると、特定の利益団体が議員や省庁の役人と親密な同盟関係を結んでいる実態こそがむしろアメリカ政治の現実であり、このような特権的な地位を享受する利益団体だけが政府からの保護や補助金などを毎年安定的に獲得していた。要するに、ローウィは、それぞれ利害を共有する議員、官僚、利益団体の「**鉄の三角形**」が観察できると告発したのである。

（2）ネオ・コーポラティズム

　団体間の「競争」を強調するアメリカの多元主義に対して、ヨーロッパでは異なる利益団体政治が見られるとして注目を集めた。それは、団体間の「協調」を特徴とするものであり、ネオ・コーポラティズムと呼ばれた。

　ネオ・コーポラティズムとは、経営者や労働者の**頂上団体**（各セクター全体を統括する団体）と、政府という三者の協調にもとづいて、政策が決定され実施されるしくみをさす。すなわち、政府が設置した委員会に、労働者の代表と経営者の代表が委員として公式に迎えられ、決定された政策の実施に協力する代わりに、政策決定において一定の発言権が認められるしくみであった。

　ネオ・コーポラティズムが典型的に見られるのは、オーストリアやスウェーデンといった中欧・北欧の国々であり、これらの国々では、ネオ・コーポラティズムによって、1970年代のオイルショックを契機に発生した世界的な経済不況において、アメリカやイギリスよりも効果的に対応することができたとして、広く注目を集めた。三者の協調を通じて、経営側は人員削減をおこなわず、組合側も賃金上昇を要求しないという約束を交わし、経済危機をいちはやく乗り越えることに成功したと考えられたのである。

　ただし、ネオ・コーポラティズムにも批判がないわけではない。たとえば、非民主的な側面を批判する声もある。政策が議会を迂回するかたちで、頂上団体のエリートと政府エリートの協調によって決定されるからである。また、制度化されたしくみであるため、新たな利益に対応することが難しいとされ、結果として既得権益を擁護する政策が継続するとの指摘もある（永山・富崎・

5．利益団体政治　　77

青木・真下、2016)。

6. シンクタンク・政策専門家

　次に、利益団体とともに、アメリカ政治で大きな影響力を持っているとされる**シンクタンク**について解説したい。

（1）アメリカ政治とシンクタンク

　ローウィが告発したアメリカの政策決定過程における鉄の三角形モデルは、じつは1970年代以降、多くの政策領域で動揺し、一部の領域では崩壊していった。その理由は様々な点が挙げられるが、①公共利益団体が、消費者に多大な負担を強いているとして既得権益の構造に挑戦したこと、②マスメディアがそれに同調したこと、③「小さな政府」を支持する声が高まるなか、無駄な政府支出に対して国民の目線が厳しくなったこと、以上はなかでも重要である。

　こうして、鉄の三角形が動揺し一部の政策領域では崩壊するに至ったが、代わりに注目されるようになったのが、ヒュー・ヘクローが名づけた「**争点（イシュー）ネットワーク**」であった。争点ネットワークとは、民間、議会、行政府を横断する人的ネットワークのことであり、特定の政策領域について強い関心と専門的知識を持つ人々が政策決定過程で大きな影響力を獲得していると考えられるようになったのである（阿部・久保、2002）。

　争点ネットワークの参加者には、利益団体に所属する専門家らも含まれているが、専門的知識を通じて政策問題の解決をめざすシンクタンクの研究員も主たるメンバーである。シンクタンクとは、政策問題の研究に従事し、その研究成果を政府や議会、そして国民に向けて提言している政策研究機関のことである。法的には、非営利団体（NPO）である。

　シンクタンクは日本を含め数多くの国々で存在しており、その意味で「グローバルな現象」である。また、イギリスやドイツではシンクタンクが比較

的発達していることも知られている（イギリスは100、ドイツは150程度）。ただし、発達の度合いでアメリカは群を抜いている。シンクタンクは400以上を数え（他の調査では1000以上）、アメリカは「シンクタンク超大国」である。世界的にその名が知られている政策研究機関が多いのも、アメリカのシンクタンクの特徴である。また、シンクタンクが国内政策、外交政策の両面において多大な影響力を及ぼしていることを示唆する事例も無数にある。

　このように、アメリカではシンクタンクが高度に発達しているが、その要因としては、財団など資金源が豊富であるという財政的な要因とともに、制度的な要因が重要である。

　第10章でも述べるが、アメリカの官僚制では**政治任用制**が採用され、4000とも言われる高級官僚は、新大統領によって任命される。新大統領は、官僚制のなかから人材を求めることもあるが、通常は議員あるいはその経験者、企業経営者、利益団体関係者らを政府高官に任命する。政策についての豊富な知識を持つシンクタンク研究員も、当然政府高官の候補である。また、政権交代が生じると、前政権の高級官僚は辞職しなければならず、新たな職場を探さなければならない。首都ワシントンD.C.にとどまり、政策研究にかかわることで4年後あるいは8年後の政権復帰をめざすという人々にとっては、シンクタンクは魅力的な再就職先である。要するに、シンクタンクは高級官僚の供給源であるとともに、退職した高級官僚の受け皿でもある。

　このように、アメリカの行政府には政治任用制を通じてシンクタンクへの高い需要が存在するが、議会においてもシンクタンクのような外部専門家は必要とされている。アメリカの政党は日本やイギリスなどの政党とは異なり党内規律がゆるく、党指導部の意向に左右されずに各議員は法案を自由に作成できる。ただし、議員はすべての政策分野に精通しているわけではなく、また議員を支える補佐官の入れかわりも激しい。そのため、議会でもシンクタンクをはじめ外部専門家への需要が高いと考えられている。

6. シンクタンク・政策専門家

（2）シンクタンクのタイプ

　以上のように、アメリカ政治においてシンクタンクはおもに政策や人材の供給源という役割を果たしていると考えられるが、政策的立場などからアメリカのシンクタンクには二つのタイプが存在する。

　まず一つは、より客観的な研究の実現を志し、政治的には中立を強調しているシンクタンクである。ブルッキングス研究所や外交問題評議会などのように、日本でも知られるシンクタンクの多くはこのタイプに属する。民主党政権、共和党政権双方に人材を供給する傾向がある。

　もう一つは、保守系、リベラル系といった特定イデオロギー・政治原則のもと研究活動をおこない、政治的には特定政党とつながりの深いシンクタンクである。保守系シンクタンクは、小さな政府などを標榜し共和党と関係が深い。そのため、共和党政権が誕生すると多くの研究員が政府要職に起用される。リベラル系シンクタンクは大きな政府などを志向し民主党との関係が強く、民主党政権において多くの人材が引き抜かれる。保守系シンクタンクの代表としては、ヘリテージ財団、アメリカン・エンタープライズ研究所、フーヴァー研究所などがあり、リベラル系シンクタンクの代表としては、アメリカ進歩センター、予算・優先政策センター、経済政策研究所などが挙げられる。

（3）シンクタンクを巡る評価

　民間の立場から政策論議を盛り上げる中心的な存在として、シンクタンクはアメリカ民主主義をより豊かにすることに貢献してきたと言える。また、日本をはじめ各国の実務家の間では、アメリカという国の「パワーの源泉の一つ」であるとして、アメリカのシンクタンクに対する関心が強く、アメリカ型シンクタンク（民間非営利の政策研究機関）の創設をめざす動きも多くの国々で観察できる。

　その一方で、近年の傾向として、保守系やリベラル系の特定イデオロギーに立脚したシンクタンクが急増しており、こうした非妥協的なイデオロギー

80　　第6章　利益団体

系シンクタンクが生産的な政策論議を妨げ、アメリカ政治における党派対立の要因の一つになっているのではないかといった厳しい批判があることも事実である。

コラム：前トランプ政権の異質性

　アメリカのシンクタンクは、新政権への人材供給源として機能している。実際、2001年のブッシュ政権の誕生においては、アメリカン・エンタープライズ研究所やフーヴァー研究所など保守系シンクタンク研究員の多くが政府要職に抜擢された。また、2009年のオバマ政権発足に際しても、アメリカ進歩センターなどおもにリベラル系シンクタンクから多くの研究員が高級官僚に任命された。

　しかし、前トランプ政権についてはそれ以前の政権とはかなり異なっていた。共和党政権であるため、本来であれば多くの保守系シンクタンク研究員が政権入りするはずであるが、前トランプ政権ではそうした関係者が少なかった。

　なぜ保守系シンクタンク研究員が前トランプ政権では少なかったのか。その一つの理由は、2016年大統領選挙で保守系シンクタンク関係者の多くが、トランプが共和党候補の座を獲得することに強く反対したからである。すなわち、トランプ自身の性格や、トランプが共和党の伝統的な立場とは異なる主張を展開したことに保守系シンクタンク研究員らは強く反発し、複数回にわたって反対書簡を公表するほどであった。しかし、トランプはそうした選挙戦中の言動を決して許さなかった。そのため、歴代政権と比べると、前トランプ政権内部ではシンクタンク出身者が極端に少なかったのである。

（宮田　智之）

議会①：議会制度

[議事堂見学] 11月下旬、木村さんは、8人のゼミメンバーで衆議院見学をした。地下鉄の駅で待ちあわせ、国会議事堂に向かう。立派な議員会館を見ながら、土曜日の見学受付通用門からなかに入る。ゼミ長の小川くんが見学申し込み用紙に記入して、他の見学者と一緒に中庭で少し待つ。

見学は、衛視さんの案内で、長い廊下を歩き、階段を上り下りする。いかめしいドアの横に、政党名が書いてある。中央ホールの上部から、3人の有名な政治家の像を見下ろす。ハイライトは、衆議院本会議場だ。上のほうから眺めるのだが、思ったより狭く、古臭く、ひっそりとしていて、テレビで見たのと様子が違っている。とはいえ、よく見ると、天井や柱の装飾も、照明も、議員席の布張りも、重厚で豪華だ。「外とはまったく別の世界みたい」木村さんは思った。見学の最後は外に出て建物の正面側にまわる。議事堂を背景にした写真を衛視さんに撮ってもらって、正門から外に送り出された。再び閉ざされた正門越しに議事堂を振り返った木村さんに、小川くんが言った。「次は傍聴に来てみようか？そうすれば国会で何をやっているか少しはわかるかもしれないし」

1．議会の起源

現在、世界の民主主義国家の大半は、議会制民主主義という形式をとっている。国民の代表である議員が議会を形成する間接民主政であり、それがあたりまえの民主政治のありようとされている。まずは、議会の起源を確認し、起源を異にする民主主義（民主政治）と議会制が合体し、議会制民主主義が成立するまでを述べていこう。

（1）議会の発生

　議会の起源は、中世ヨーロッパにあるとされる。当初の議会は、国王が、軍事や財政・行政上の問題について、聖俗の諸侯に諮問する場であった。議会は国王の行為に同意や助言を与えることになっていたが、そこには、立法機能は存在しなかった。君主の暴走を食い止めるのに役立つことはあったにせよ、民主主義とは関係のないものであったのである。

　議会にはその後、平民の代表が招かれるようになった。君主にとって、担税者であり徴税実務担当者である平民層の意向は無視できなかったからである。議会制の母国と呼ばれるイギリスでは、14世紀の前半には、平民層が、貴族や聖職者とは別に**庶民院**（下院）の起源となる集会を開くようになったことが知られている。二院制のはじまりである。

（2）議会制と民主主義

　国政における議会の権威が示された最初の事件は、17世紀のイギリス革命であった。国王の統治への議会による異議申し立てからはじまった革命は、最終的には、議会が国王をも取りかえることができる存在であることを示して決着した。**議会主権**という概念の登場であった。

　18世紀になると、国の政治の決定権は一般の人々にあるという**人民主権**の概念が広まった。社会契約説にもとづき人民主権論を展開したのがフランスのジャン゠ジャック・**ルソー**である。この思想は、アメリカ独立革命やフランス革命を支えることになった。

　ルソーが理想としたのは、直接民主的な政体であったが、アメリカ合衆国やフランスで現実に採用されたのは、**間接民主政**、すなわち議会に代表が参加する議会制であった。古代ギリシアの都市国家とは異なる、大きなサイズの国家で民主主義を実現するためには、議会制がふさわしかったのである。議会を通じて民主主義を実現するためには、民主的に選出された議員からなる民主的な議会を作らねばならない。そのために必要なのが、普通選挙の制度であった。アメリカ合衆国やフランスでは、19世紀の半ばに、男性の普通

1. 議会の起源

選挙が実現し、議会制民主主義のかたちができあがった。

　議会制の母国であるイギリスでも、19世紀には、人民主権論やアメリカでの民主主義の実践、さらに「最大多数の最大幸福」を唱える**功利主義**の影響によって、議会の民主化を求める動きが本格化した。イギリスでの議会の民主化は、選挙権の拡大を通じて徐々に進行した。20世紀の半ばまでには、イギリスも含め世界の多くの国々で普通選挙がおこなわれるようになった。民主主義と議会は合体し、議会制民主主義の体制があるべき姿とみなされるに至ったのである（第2章、第4章参照）。

■■ 2．議会の仕事 ■■

　現代の議会は何のために存在するのだろうか。議会の機能や役割を検討することからはじめよう。

（1）議会の機能

　議会の機能は第一に、国民を代表することである。議会制（代表制）民主主義の国では、政治の主体は主権者である国民であるが、実際には**代表**（議員）が集会（議会）に出席し、そこで議論や決定をする。有権者によって選ばれた議員が構成する議会は、国民を代表して、国民に代わって、立法をはじめとする国政上の様々な役割を果たすのである。

　日本国憲法には、**国会**（本書では日本の議会については、国会と呼ぶ）について、次のように規定しているが、これらは議会の機能を端的に示している。

「国会は、国権の最高機関であって、国の唯一の立法機関である」（第41条）

「両議院は、全国民を代表する選挙された議員でこれを組織する」（第43条）

「全国民を代表する」議会は、国民全体の利益を統合し調整するという重要な機能を有している。国民の間に存在する多様な利害関係や要望は、政党や利益団体といった中間集団によってある程度集約される。それをさらに「国民全体」という観点から、統合し調整するのが議会である。

84　第7章　議会①：議会制度

議会が、このような機能を果たす際にとりわけ重要であるのが、議論である。立法や予算審議、行政部の形成といった役割を果たす際に、議員たちはそれぞれの意見を表明し、論を戦わせる。この討議の過程で、法案や政策は修正され、より多くの国民にとって受け入れ可能なものになっていく。現実には、すべての国民の期待にこたえることは不可能であるし、審議の時間に限りがあるために少数意見を切り捨てざるをえない場合もある。とはいえ、十分な議論をすること、審議を尽くすことは、議会がその機能を果たすための義務である。そもそも、英語の議会 parliamentの語源は、「話す」なのである。

（2）議会の役割・権限

　議会の役割や権限は、国によって、また政治体制によって違っている。ここでは、まず、議院内閣制における議会の役割や権限を確認することにする。

　議会は**立法府**と呼ばれるように、国の政治や政策を定める法律を制定したり改廃したりする、**立法権**を有している。議会は法案を審議し、修正が必要ならば修正する。採決の結果、賛成が多数ならばそれは法律として成立する。また、条約の承認、予算の承認も議会の権限である。このことは、政治の基本的な方針を決定するのは議会であることを示している。日本の国会は、憲法改正を発議する権限も与えられている。

　議会のもう一つの重要な権限は、国の行政機構を指揮するチームである内閣（行政部）を形成することである。通常、議会の多数派のリーダーが首相（内閣総理大臣）になり、首相が国務大臣を任命して内閣を形成し、また、その他の役職者も任命する。国務大臣はおおむね議員から選ばれる。日本の場合は、国務大臣の過半数は国会議員から選ばねばならないとされている。

　また、議会は内閣を統制する存在でもある。議会が内閣の活動が不適切であると考え、議会で**内閣不信任**を決議すれば、内閣は辞職しなくてはならないとされている。ただし、首相には辞職する代わりに議会を解散するという対抗手段がある場合もあり、議会の統制が常に有効とは限らない。

2. 議会の仕事　85

議会の権限はその他の面にも及ぶ。たとえば、日本の国会は、弾劾裁判所を設けて裁判官を裁く権限を持っている。また、国政調査権という、立法や行政事務全般にかかわる強力な調査権も有している。

　細かい点では国による差異はあるが、議会が立法権と**行政部形成・統制**の権限を持っているのは、議院内閣制をとる国々の議会に共通である。第3章でも述べたとおり、議院内閣制においては、議会（立法）と内閣（行政）は、完全に分立しているというよりも、牽制しあいながらも、一部は融合しているのである。

　これに対し、大統領制のアメリカ合衆国では、議会は名実ともに立法府であり、立法活動を通じて国政に関与する。他方、行政部を率いるのは、議会とは別の選挙で選ばれた大統領である。議会は原則的には大統領をやめさせることはできないし、大統領も議会を解散することはできない。大統領は議員ではないので、議会に法案を提出することはできない。大統領制では、議会（立法）と大統領（行政）は、相互に抑制しながら分立しているのである（第3章参照）。

（3）議会の類型

　アメリカの政治学者ポルスビーは、議会を変換型とアリーナ型に分類した。それぞれ、アメリカとイギリスを典型とする。**変換型議会**とは、国民の要望・要求を法律に変換する議会という意味で、議員が法案の作成から成立までのすべての主役となる、立法作業をする議会のことである。一方、**アリーナ型議会**は、議会が、与党と野党が徹底して討論し優劣を競う闘技場（アリーナ）となるという、討論の場としての議会である。変換型もアリーナ型も立法府ではあるが、変換型では、議会は立法作業を担い、まさに立法活動を通じて国政に関与するのに対し、アリーナ型では、立法作業の主要な部分は官僚が担当し、議会の関与は限定的である。議会の役割は、法案について議論をしてその問題点を明らかにしたり、議論を通じて政党間の政策の違いや党首の資質を明らかにしたりすることである。日本については後述するが、

両者の中間形態とみなされることが多い。

アメリカとイギリスでは、審議の主要な舞台がどこであるかも好対照である。アメリカ議会は、立法作業をする議会であるので、立法の実務に適した少人数の会合である委員会が審議の中心になる（**委員会中心主義**）。イギリス議会は、法案作成は主として政府が担い、議会は政府・与党と野党が華々しく論戦を繰り広げる場であるから、本会議が主要な審議の場となる（**本会議中心主義**）。ちなみに、日本は、アメリカにならって委員会中心主義である。

議院内閣制の諸国の議会を分類して評価しようという試みもある。イギリスの議院内閣制は、しばしば**ウェストミンスター型**（ウェストミンスター・モデル）と呼ばれることもあり、ヨーロッパ大陸の議会に見られる**欧州大陸型**（コンセンサス・モデル）と区別される。ウェストミンスター型における議会は、二大政党による対決型の審議を特色とする一方、欧州大陸型では、いくつかの政党によって連立政権が形成されることが多いため、議会では対決よりも合意形成が重視される。

───── コラム：変化するイギリスの議会 ─────

「ウェストミンスター・モデル」にあこがれた日本の政治家は少なくない。二大政党の政権交代、毎週議会でおこなわれるクエスチョン・タイム（首相の質問時間）での二大政党の党首同士の激突、本会議での白熱する議論、理想の議会政治像がそこにあるように見える。実際に、本会議の審議時間は日本とは比べものにならない長さであるし、与野党が向きあう形式の議場で繰り広げられるのはまるで言葉の格闘技だ。首相が資料を棒読みなどということはない。ところが、当のイギリスでは、現在の議会の評判はそれほど高くはない。イギリスでは、提出される法案の大半は政府法案であり、議論が白熱しても結局法案は議会を通過する。議会は、提出された法案の確認と登録の作業をおこなうゴム印だ、といった冷めた見方もあるほどである。行政国家化した現代社会においては、行政の力が強いのはイギリスも例外ではないのだ。とはいえ、議会制の母国の議会の誇りにかけて、議会活性化の試みもつづけられている。2011年に成立した、首相の解散権を制限する固定任期議会法は、

2．議会の仕事　　87

議会再生の試みの一つであった。議場のこしらえこそ古臭いが、イギリス議会は激しく変化しているのである。

（4）二　院　制

　二院制は、日本をはじめ、イギリス、アメリカ、フランス、ドイツ、イタリア等、世界の主要な国が採用している制度であるが、出現の歴史的経緯は一様ではない。イギリスの場合は、そもそも貴族を中心にした議会に庶民の代表が招かれるようになり、庶民が自分たちの議論の場を求めたことから、アメリカでは、憲法制定の会議で、議会の形式について13州の意向が一本化できなかったことから、明治憲法下の日本では、貴族院に衆議院を牽制する役を期待したことから、二院制ははじまった。

表7-1　各国の二院制―任期と選任方法（2018年1月現在）

	上　院	下　院
アメリカ合衆国	任期6年 小選挙区制	任期2年 小選挙区制
イギリス	終身 任命	任期5年 小選挙区制
イタリア	任期5年／少数の終身議員 小選挙区比例代表併用制	任期5年 小選挙区比例代表併用制
ドイツ	州政府の閣僚が出席 任命	任期4年 小選挙区比例代表併用制
フランス	任期6年 間接選挙	任期5年 小選挙区2回投票制

　第一院（下院、日本では衆議院）と**第二院**（上院、日本では参議院）の関係も様々である。違いをはかる際の手がかりとなるのは、両院の選出基盤の相違と権限の対称性である。選出基盤の相違は、両院で、選出される人々と選出の手つづきに違いがあるかないかである。権限の対称性とは、両院が対等か、第一院がどの程度優越しているかである。たとえば、イギリス議会は、下院は

88　　第7章　議会①：議会制度

公選で議員が選ばれる一方で、上院は任命議員で構成されているので、国民によって選挙された議員からなる下院が、上院に優越すると規定されている。上院の権限は限定的であり、実質的には一院制に近いとみなされている。現在の上院に期待されているのは、選挙を経ないからこそ可能な慎重で非政治的な議論であるが、上院議員の公選化を求める声もある。アメリカやドイツのような連邦制の国では、国民全体の意思を代表するとされる下院と、連邦を構成する州や地域を代表するとされる上院は、異なったタイプの議員で構成される。両院はそれぞれが異なる利益を代表しているので、権限は分担され、どちらが優越しているということはない。また、日本やイタリアのように、両院とも類似した選挙で議員が選出される国もある。この場合、両院の性格にはっきりした違いを設けることが難しいので、両院の多数派にねじれが生じると、政治が停滞することがある（3．日本の国会参照）。

　現在、世界の国々で、二院制をとる国は約5分の2、残りの5分の3は一院制である。一院制の国のなかには、スウェーデンやノルウェーのように、二院制を廃止して一院制を採用した例もある。時間や費用が余分にかかる二院制を維持することは、あまり意味がないとされたからである。一方、少数派になったとはいえ、二院制を維持している国も少なくないのは、二つの院に、それぞれに異なるタイプの議員を配することによって、幅広い民意を反映できる、慎重な審議が期待できるといったメリットがあるからであろう。

■■ 3．日本の国会 ■■

　では次に日本の国会を見てみよう。じつは、日本の国会の評判はあまりよいとは言えない。国会が十分にその機能を果たしていないと思っている国民は数多いのである。ここでは、国会のしくみや立法のプロセスを確認しながら、どのような問題があるかを検討していくことにする。

（1）国会のしくみ

日本の国会は**衆議院**と**参議院**の二院で構成されている。両院の議員は、それぞれに、異なった選挙で選出される（第4章参照）。両院の議決が一致するのが原則であるが、一致しない場合は両院協議会で協議する。それでも一致しない場合は、衆議院の優越が定められている。たとえば法案については、衆議院で出席議員の3分の2以上の多数で可決されればそれで成立する。

衆議院と参議院には正副議長が置かれ、それぞれに、すべての議員が出席する本会議と、分野別に編成された委員会がある。日本の国会は、委員会が実質的審議の中心になる**委員会中心主義**であり、本会議はいわば儀式的な審議の場となっている。委員会には、常任委員会（衆参ともに17）と必要に応じて設けられる特別委員会がある。委員は各党・各会派の議員数に従って割り振られ、議員はいずれかの常任委員会に所属することになっている。

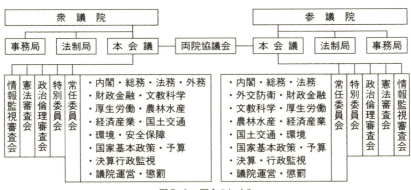

図7-1　国会のしくみ

国会の会期には、毎年1月から開催される150日間の**通常国会**（常会）と、必要に応じて召集される**臨時国会**（臨時会）、総選挙の後に開かれ、内閣総理大臣の指名をおこなう**特別国会**（特別会）がある。また、衆議院解散中に緊急の必要がある場合に開かれる参議院の緊急集会がある。

通常国会の会期が短いため、補正予算や重要法案を審議するために臨時国

会が秋に開催されることが多い。この**年間複数会期制**と、1回の会期が短い
ことは、日本の国会の特色である。また、会期をまたいで同じ法案を審議す
ることはできないとする**会期不継続の原則**があり、1回の会期で成立しなか
った法案は原則として審議未了で廃案になる。そのため、会期末の国会では、
日程を巡って、与野党の激しい駆け引きが繰り広げられる。西欧では、アメ
リカやドイツなどのように、総選挙から総選挙までの間を議会期などと呼ば
れる一つづきの単位と考え、議会期中は法案が継続するとする例が多い。会
期を設けない**通年会期制**をとる国もある。会期不継続の原則が存在するイギ
リスでも、その運用は緩和され、議会運営の効率化がはかられている。

　とはいえ、議会運営が非効率的であること、すなわち野党の抵抗によって
法律が成立しにくいことは、否定すべき面ばかりではない。議会で多数を占
める政府与党が少数派を無視して強引に国会を運営し、十分な審議もないま
まに法律が成立していくのも決して望ましい姿ではないのである。

（2）立法のプロセス

　国会の立法過程は次のようになっている。

　法案には、内閣提出法案と議員提出法案がある。**内閣提出法案**は、担当の
省庁が起案をして省庁案が作成され、内閣法制局の下審査や関係省庁間の協
議を経て内閣法制局の審査へ回される。審査終了後内閣へ上申され、閣議決
定、国会提出となる。法案は、両院のどちらに先に提出してもよいことにな
っているが、通常は、衆議院議長に提出される。

　議員提出法案は、議員が党や自身の政策スタッフを使って政策要綱を作成
し、それが所属議院の法制局で法案化される。法案は、議員が所属する政党
や会派で承認され、所属議院の議長に提出される。議員による発議には、衆
議院では20名（予算をともなう場合は50名）、参議院では10名（同20名）の賛成者
が必要である。議員立法には、上記の議員発議の法案とは別に、委員会提出
の法案もある。

　法案の提出を受けた議長は、それを関係の委員会に付託する。重要法案の

3．日本の国会　　91

場合は、その前に本会議で趣旨説明がおこなわれる。本会議が公開を原則とするのに対し、委員会は公開を原則とはしていない（許可があれば傍聴できる）。また、各分野に精通した議員が委員となっている上に、質問回数や時間などの制限も厳しくないので、委員会は実質的な審議の場としてふさわしい。委員会では、付託された法案を順番に審議していく。趣旨説明、質疑、修正、討論、採決という流れになるが、必要があれば、外部の人々の意見を聞くために公聴会などが開かれることもある。

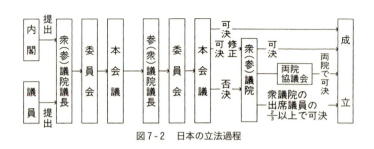

図7-2　日本の立法過程

　委員会で可決された法案は本会議に上程され、委員会の委員長による審議の説明と報告、質疑、討論、採決と進んでいく。委員会とは対照的に、本会議での審議は儀式的であり、多くの場合、本会議での採決の結果は、委員会の議決と同じである。一方の院で可決された法案は、もう一方の院に送付され、同様のプロセスが繰り返される。衆参両院で可決された法案は、法律となる。

（3）国会に対する批判と対応

　国会批判の第一は、国会が立法機能を果たしていない、というものである。しばしば指摘されるのが、内閣提出法案が質・量そして成立率において、議員提出法案を凌駕しているという点である。内閣提出法案の作成を担っているのは官僚であり、これでは、国会（議員）が政策立案、立法の役割を果しているとは言いがたいというのである。各議員の政策立案能力を高めるた

めに政策担当秘書制度が導入され、議員立法はかつてよりも盛んになったが、議員立法に熱心な議員は限られているようである。

与党事前審査というかたちでの、法案作成段階での与党の介入も、国会の立法機能をそこなっていた。事前審査は、立法の公式のプロセスには含まれていないのだが、自由民主党の長期政権時代には大きな存在であった。事前審査では、与党の政務調査会に属する議員が法案作成にあたる官僚と交渉し、その結果、省庁の原案は、与党の意向に沿って修正される。事前審査を経て作成された法案は、国会で自民党の賛成多数で成立する。与党、省庁、業界、また政権運営を容易にしたい内閣にとっては好都合であったが、野党を排除し、いわば密室でおこなわれることへは厳しい目が向けられていた。

近年、事前審査はかつてのような力を失ったとされる。1990年代後半以降、**官邸主導**が強化されてきた結果、政策立案の中心が首相や官房長官が設置する**政策会議**などに移り、与党の関与が弱まったというのである。事前審査では、少なくとも与党議員は法案作成に関与していた。事前審査の弱体化により、国会の立法機能はさらに低下しているとみなすこともできる。

国会の審議にも批判がある。かつての国会には、官僚が政府委員として大臣に代わって答弁に立つ姿があった。大臣よりも法案や政策に精通しているからである。国会議員ではない官僚がそのような役割を果たすことへの批判から、1999年の**国会審議活性化法**制定によって2001年に政府委員制度は廃止された。現在では、大臣や副大臣、大臣政務官が答弁をするようになっているが、官僚の作文の棒読みと揶揄される場合も依然として少なくない。

審議が形骸化し、わかりきった質疑応答に終始し、議論が低調であることも問題である。委員会中心主義であるとはいえ、本会議の審議時間は年間65時間程度と極端に短い。また、審議も儀式に近い形式的なものである。イギリスやフランスでは1200時間程度、委員会中心主義のアメリカでも、800〜1000時間程度の審議がおこなわれているのと対照的である（野中・青木、2016）。本会議だけでなく委員会の審議にも問題がある。ここでは一定の審議時間は確保されているが、質問と答弁という形式が大半で、議会の基本とも言える

3．日本の国会　　93

討論がおこなわれないのである。表面的には激しいやり取りがあっても、議論は深まらない。国会での議論の活性化を狙って、イギリスのクエスチョン・タイムにならった党首討論が1999年に導入され、当初は注目を集めたが、定着はしていない。

　日本の国会は、前述のポルスビーの類型論に従うと、変換型とアリーナ型の中間であるという。アメリカにならって委員会中心主義をとっている一方で、国会は、おもに野党が表面的には激しく政府を追及するアリーナである。ところが、国会の立法作業へのかかわりは、主として確認と承認に限定されている。他方、審議も質疑応答が中心で、討論不在の実りのないやり取りがつづく。中間というよりも、変換型としてもアリーナ型としても、中途半端である。討論の不在は、日本の国会の最大の問題点であろう。

（4）日本の二院制

　日本では二院制がとられているが、参議院のありように関しては、その存在意義、衆議院との関係について議論がある。

　戦後、日本国憲法作成にあたり、連合国軍最高司令官マッカーサーから示された「マッカーサー草案」では、議会は一院制とされていた。貴族院は必要ないし、連邦制でない日本には、アメリカの上院にあたるものは必要ないと考えられたからだという。これに対し、当時の日本政府は、衆議院の過激化を抑制する存在としての参議院の設置を主張した。そこで、衆議院の優越を規定した上で、参議院は衆議院とは異なった選出基盤に立つように制度設計がなされた。任期、被選挙権年齢を変え、都道府県や全国区といった大きな選挙区を作り、職能代表者、学識経験者、文化人などが当選できるようにしたのである。

　当初は、政党にとらわれない候補者が当選し、既成政党とは離れた会派を形成するなど、存在意義は示された。有権者にも両院の性格の違いを意識して投票する者が見られたという。しかし、選挙を重ねるにつれ、参議院の政党化は進行していった。全国規模の人気投票であった全国区では、作家や人

気アナウンサー、俳優などが、大量得票をして当選したが、こういった人々はごく一部で、多くは政党の候補者となったのである。

1982年に、全国区が比例代表制に改革されると（1983年から実施）、政党化はさらに進行した。参議院は衆議院のコピーと揶揄され、参議院不要論も登場する。比例代表の票集めを目的としたタレント候補の擁立や、選挙区での極端な一票の格差の放置により、参議院の存在意義はさらに減じた。

ところが、2000年代後半になると、参議院の強さに注目が集まり、「**強い参議院**」論が唱えられるようになった。首相の判断で政権に都合がよい時期に実施できる衆議院議員選挙と異なり、3年に一度必ずおこなわれる参議院議員選挙は、有権者の政府へ不満を反映しやすい。2007年参議院選挙での自民党の惨敗や2010年の民主党の惨敗はその例である。この結果、両院の多数派が異なる「ねじれ現象」が生じ、政局に大きな影響を与えたことは、参議院の強さを印象づけた。また、参議院議員は任期が6年と長いために、政策通が多く、与党の議員であっても時の政権の意向に反する行動をとることも可能である。憲法は、衆議院の優越を規定しているものの、参議院の意思に反して衆議院がその意思を貫徹するために越えねばならないハードルはかなり高い。衆議院を通過した法案を参議院が否決した場合、それを覆すためには衆議院で三分の二の多数で再可決しなくてはならない。参議院は、政策について事実上の拒否権を持っているという見方も存在するほどなのである。

弱すぎるにせよ、強すぎるにせよ、参議院はその存在意義を問われつづけている。党派にとらわれない議員が集まる**良識の府**とするために、選挙制度を改革しようという意見もあれば、地域代表という性質をもっと強め、一票の格差が問題にならないようにするべきだとの議論もある。総選挙とは別の時期に「国民の審判」を下す、現在のようなありように存在意義を見出すことも可能である。

（甲斐　祥子）

8 議会②：議員・政治家

[駅前から議員への道] 斎藤くんが通学に使っている私鉄の駅に毎週やって来て、駅前で演説をする若い女性がいる。チラシを手にした支援者らしき人が一緒のこともあるが、たいていはのぼりを立て、たった一人でマイクを握っている。「駅で演説している人、何なのかな？」、夕飯の時に祖父に聞いてみた。「子どもの時、いつも駅前で演説している人がいて、変なおじさんだと思っていたのだけれど、何年かしたら選挙に当選して、後で有名な政治家になったよ」「えー、駅前から有名な政治家なんてことあるんだ」興味がわいた斎藤くんは、今度チラシをもらってみようと思っている。

私たちの多くにとってあまりなじみのない議員・政治家について知る、これがこの章のテーマである。

1．議会制民主主義における代表

議会制民主主義は、代表制民主主義と呼ばれることもあるように、主権者である国民（有権者）の代表である議員が、議会を形成して議論や決定をおこなう制度である。議員は「代表」であるわけだが、そもそも代表や議員の地位については、決着のつかない重要な論争が存在している。

（1）代表は可能か？

まず、登場するのは、「人々の意見を他の誰かが代表することは可能なのか」という代表可能性を巡る議論である。18世紀に人民主権論を唱えたジャン＝ジャック・ルソーは、代表は不可能であると考えていた。ルソーは、『社会契約論』で、代表制をとっているイギリスについて次のように述べている。

イギリス人が「自由なのも、議会の構成員を選挙する期間中だけのことで、選挙が終わってしまえばたちまち奴隷の身分となり、なきに等しい存在となる」（ルソー、井上訳、1974）。ルソーが模索した真の民主政治は、古代の民主政に近い形態のものであった。

ルソーの「たちまち奴隷の身分」という言葉は、現代の政治学のプリンシパル＝エージェントモデル風に表現すれば、「**エージェンシー・スラック**の発生は不可避」ということになる。

プリンシパル＝エージェントモデル（本人＝代理人関係）では、政治における本人（有権者）が、代理人（議員、政治家）に政治を託していると考える。そして、エージェンシー・スラックとは、代理人が本人の期待ほどには仕事をしないことを意味する。つまり、一旦議員に選ばれてしまえば、勝手なことをしても怠けても大丈夫というわけである。

現代の議会制民主主義体制でも、国民投票や住民投票などの直接民主政的な手法が一部に採用されていることは、「人々の意見を他の誰かが代表することは難しい」ことを示している。とはいえ、「議員は人々を代表している」とみなし、その前提で、現在の議会制民主主義はなり立っている。

（2）代表を巡る議論

「代表は可能だ」ということにした場合にも、地域代表（委任代表）と国民代表という対立する二つの代表観がある。

地域代表の理論では、議員は選ばれた選挙区の代表であり、選挙区の有権者の忠実な代理人として、有権者によるコントロールに服すべき存在である。一方、**国民代表**の理論では、議員は選挙区から選ばれるものの、一旦選ばれれば国民全体の代表として存在するとされる。議員は、有権者からいわば白紙委任状を渡されており、国民全体を視野に入れて自らの判断で行動するのである。

歴史をさかのぼれば、中世の議会においては、議員は自らの選出基盤である身分や地域の忠実な代理人であることは当然であった。ところが、18世紀

1. 議会制民主主義における代表

の後半、イギリスの思想家エドマンド・**バーク**は、議員は選出基盤（選挙区）の意向にとらわれることなく、全体の利益を代表するべき存在である、と主張した。この国民代表の理論は、近代の議会制の原理として受け入れられた。

とはいえ、地域代表の理論が全面的に否定されたわけではない。じつは、国民代表の理論は、制限選挙の時代においては、選挙権が一部の人々の特権であることを正当化するために利用されていた。その後、選挙権が拡大されていくと、議員は当選のために選挙区の広範な有権者の支持を必要とするようになる。すると、議員は選挙区の有権者を代表し、選挙区の有権者のために仕事をするという地域代表の理論が、見直されることになったのである。

地域代表と国民代表の二つの代表観は、ともに現代に生きており、そのどちらが正しいと判定することはできない。そして、どちらに軸足を置くべきかの判断も、情勢に応じて揺れ動く。日本国憲法には、「両議院は、全国民を代表する選挙された議員でこれを組織する」（第43条）と定められており、これは、国民代表の理念を示すとされている。ところが、現実には多くの有権者は、自分の選挙区から選出された議員が、選挙区の利益のために尽力するのは当然だと思っている。議員が地元の要望を無視すれば「地域の代表としての役割を果たしていない」と不快に感じるだろう。とはいえ、一方では、他の選挙区の議員がその選挙区への利益誘導に走るのには反感を抱き、「議員は国民全体の利益を考えねばならない」と発言したりするのである。

（3）誰が代表になるか

代表を選ぶしくみのうち、議員選出の過程である選挙制度については、第4章で取り上げたので、ここでは、候補者を選ぶしくみや工夫を考えてみよう。日本については後で述べるので、ここでは外国の例を紹介する。

現在のイギリスでは主要政党は公募で候補者を選んでいる。労働党では、立候補を希望する者は選挙区の党組織に応募する。保守党はもう少し中央集権的で党の中央本部に応募する。志願者は、論文や討論、面接などによってふるい落とされ、勝ち残った者が党の公認候補者リストに掲載される。この

なかから、選挙区の党組織によって候補者に選ばれた者が、最終的に党の公認候補として立候補する。

現在のイギリスでは、政治の複雑化が進むにつれ、議員にも政治家としての専門的な知識やスキルが要求されるようになっている。そこで、議員をめざす者は、通常は20代で党員になり、党の活動をしながら政治家のキャリアにつながるような仕事をつづける。法律家やジャーナリスト、大学教員や研究者、団体の職員などだけでなく、実業界や福祉の世界などで、一定のキャリアを積んだところで立候補の段階となる。公認候補者リストに載ることができても、最初に与えられるのは勝ち目のない選挙区である。それでも努力をつづけていると、当選可能性が高い選挙区から立候補できるようになり、晴れて当選となる。政治の専門職化の進行により、現在では、40歳前後で初当選しないと、バックベンチャー（日本で言うところの陣笠議員）にとどまる可能性が高いという。

アメリカでは、議員は地域代表としての性格が強いので、政党の候補者選びには選挙区の党員や住民が参加する**予備選挙**が取り入れられている。予備選挙で、同じ政党の候補者同士が選挙区の代表の地位をめざして争い、最も高い支持を集めた者が本選挙で他党の候補者と対決する。大統領選挙の予備選挙が有名だが、アメリカでは議会選挙への立候補者も予備選挙で選ばれる。地域の代表であることを強く意識せざるをえないしくみである。

フランスでは、エリートコースをたどる官僚が若くして議員になる場合がある。彼らは、選挙で立候補して当選した場合は、派遣ないし休職扱いとなりもとの身分を失わない。また、落選した場合ももとの仕事に戻ることができるように、法律で保障されている。民間の被雇用者についても、同様の身分保障がある。これらは、政治の世界への人材調達を容易にする工夫といえよう。フランスの議会では、かつては、上院下院ともに、地方の首長や地方議会の議員を兼職している議員が多かった。しかし、2014年に公職兼任を禁じる法律が成立し、2017年6月の国民議会（下院）選挙以降、兼職は禁止された。

1．議会制民主主義における代表　　99

ドイツでも、公務員が選挙に立候補して当選した場合、議員在職中は休職し、議員を辞めた後に同じようなポストに復帰できるとされている。また、公務員以外でも、議員になったことで不利益をこうむることがないようになっている。後述の、日本での議員への道と比較すると興味深い。

（4）女 性 議 員

女性が代表になるのは、どの国でも難しい。

列国議会同盟（IPU）の調査によると、世界の女性国会議員の比率は、徐々に上昇はしているが、2017年12月1日時点で23.5％と、依然としてあまり高くはない。男女の性的役割分業構造は根強く、女性が議員として政策決定過程に参加する機会が限られているのである。このような状況は、男女平等の観点から望ましくない。また、政策に偏りを生じさせないためにも、改善が必要であるとされている。

そこで、世界には、女性議員を増加させるための施策として、**積極的格差是正措置** affirmative action、positive actionをとっている国々がある。女性候補者や議席の割合を決める**クオータ制** quota systemを導入したり、比例代表名簿を男女交互にしたり、女性候補者が多い政党に助成をしたりするのである。これらには、法律で強制するものから、努力目標にとどまるものまであり、その効果も一様ではない。また、こういった手法が、逆の性差別になるとの批判があることは述べておかねばならない。

女性議員を増やすためには、男女を問わず社会全体の働き方を見直す必要があるという指摘がある。育休や産休を取りやすくしたり、子育て世代に配慮して議会の審議時間をはやめたりした国もある。スウェーデンやノルウェーで採用されている**代理議員**の制度は、選挙時に代理議員をあらかじめ決めておき、やむをえない事情で議員活動ができなくなった議員に代わって、代理議員が議員活動をする制度である。対象となるのは女性議員に限られないが、このような制度があれば、「選挙で選ばれたのに出産で休むとは何事か」といった批判が出ることもないだろう。このような工夫をしている国々では、

女性議員の比率は増加をし、北欧諸国などでは40％を超えているし、比較的若い議員も増えている。多くの国々で、多様な取り組みがなされているのである。

■■ 2. 議員の仕事 ■■

　有権者の代表である議員は、現実にはどのような仕事をしているのだろうか。ここでは、国政にかかわる議員の活動を見ていこう。

（1）議員の仕事

　議員の仕事は、議会に出席して議論や議決に参加することである。有権者の代表として出席し、代表として議論をする。本会議だけでなく、各種の委員会に所属するし、議事運営のために他党と交渉をすることもある。与党の議員は、大臣や副大臣などの政府のポストに就任する場合もあり、そうなれば、省庁での仕事もある。議論に参加し、議決にあたって判断するためには、広範な知識や情報が必要であるから、有権者の陳情を受けたり、専門家の意見を聞いたり、勉強会に参加したり、利益団体と接触したり、視察をしたりすることは欠かせない。また、議会では政党単位で行動するので、政党の役職についている場合はその任務を果たす。また、政党や政党内の派閥や政策グループの会合にも参加をする。

　選挙区での活動も重要である。選挙がない時期でも、議員はなるべく選挙区に帰り、支持者の要望を聞き、意見の交換をし、地域の実情を知るように努める。選挙区のイベントなどにも積極的に参加する。

　また、議員のなかには、テレビの討論番組や報道番組に出演して、自身や党の政策をアピールしたり、自らの政策をまとめた著作を発表したりする者もいる。さらに、近年では、従来型のメディアを経由しない、ソーシャルメディアを通じた発信に熱心な議員も多い。

　議員の活動は多岐にわたるが、以上のような活動は、有権者の代表として

2. 議員の仕事

の議員の仕事であり、日本に限らずどの国の議員であっても大同小異である。このように、多くの議員は多忙な毎日を送っている。

（2）議員を動かす力

　議員が、その仕事のうちどのような活動に力を入れるかは、一様ではない。本会議や委員会での論戦、政党内での活動、選挙区サーヴィス、テレビ出演、ソーシャルメディアでの発信……何を重視するかは、その国の政治制度や政党のありよう、選挙制度と深くかかわっている。

　たとえば、議会における討議時間が長いイギリスやアメリカでは、議員は演説や討論で活躍できるような能力を磨かねばならない。議員が多くの法案や決議案を提出するアメリカでは、作成のための情報収集や交渉が欠かせない。比例代表制の選挙制度をとる国では、有権者に政党名をアピールする活動と、自分の比例代表での名簿順位を上げるための党への貢献が重要である。逆に、小選挙区制では、議員の個人的な知名度を上げるための選挙区での地道な活動が必要である。小選挙区制でも、選挙が首相選び、政権選択に直結しているイギリスでは、所属政党の政策をアピールして、支持の拡大に努めることも大切になる。

　さて、議員の活動は多様だが、これを一つにくくることができる言葉が、**当選モチベーション**である。「当選」「昇進」「政策」の三つは、議員にとって特に重要な目標である。まず、当選しなくては議員になれないからとにかく当選したい、議員になった以上、一度は大臣になってみたい、自らの理想や選挙区のためになる政策を実現したい、ということである。それ以外にも、権力や経済的な利益を求めて議員をめざした場合もあるだろう。これらのうちで、最大の重みがあるのが「当選」なのである。当選をし、さらに再選を重ねることではじめて、そのほかの目標も実現が可能になるからである。いかに高邁な理想をかかげていても、当選しなければ何もできないのだ。どうしても当選したいという気持ちを、当選モチベーションと呼ぶのである。

　当選モチベーションをキーワードとして議員の活動を見ると、それぞれが

それぞれに、次の選挙での当選をめざしているのだとわかるはずである。議員は利己的で、当選のことしか考えていないのか、と落胆するには及ばない。議員は、次の選挙での有権者の票を求めて、精一杯活動する。自らを磨き、有権者の意向や社会情勢にも敏感に反応せざるをえない。議員の当選モチベーションは、有権者が議員をコントロールする手段になりうる。当選モチベーションを利用して、有権者は政治家を育てることができるのである。

■■ 3．日本の国会議員 ■■

　多くの国民にとって、政治家はあまり身近な存在ではないだろう。国会議員といえば、「テレビでは見たことがある人」である。ところが、大野伴睦という昔の政治家がこんなことを言っている。「サルは木から落ちてもサルだか、代議士（衆議院議員）は選挙で落ちればただの人」つまり、議員は、他の人々と何の変わりもない人なのである。とはいえ、「ただの人」が選挙に当選した人になることはそれほど容易ではない。日本の状況を考えてみよう。

（1）議員への道

　現在の日本では、日本国籍を有する者は、一定の年齢（衆議院は25歳、参議院は30歳）になれば、性別、職業、収入や納税額を問わず、誰でも選挙に立候補できる。選挙権年齢と被選挙権年齢に差を設けていない国では、選挙権を得てから間もない若者が立候補することもある。とはいえ、選挙で当選するのはそれほど容易ではないので、実際には、当選する人の年齢や男女別の比率や経歴にはかなりの偏りがある。

　日本の国会議員のイメージは、男性で、ある程度の年齢で、有名大学卒、といったところであろうか。議員になる前の経歴は、様々であるが、地方議員や政治家秘書、議員事務所職員、政党職員、団体職員といった政治に関係した職業、官僚、法律家などからの政界入りは比較的多い。近年は、メディアの世界からの政界入りもめだつ。さらに多いのは、世襲である。

3．日本の国会議員　103

地方議員として活動実績を積んだ人物が、活躍の場を国政に移すことを望んで国会議員選挙に立候補するのは珍しくない。政治家秘書も同様であるが、現職議員の引退などによりその地盤を受けつぐことができれば、当選の可能性はかなり高まる。

　官僚OBは、日本の保守政党では大きな比率を占めている。はじまりは、1949年の総選挙で、吉田茂首相が多数の官僚出身者を立候補させ、当選するとすぐに閣僚に任命するなどしたことであった。戦前からの政党政治家の多くが公職追放によって国会から排除されたその空白を、官僚出身者が埋めたのである。官界から政界への人の流れと、政官の深い結びつきは、その後の保守政党の特色をなしている。

　弁護士などの法律家は、保守政党のみならず多くの政党で活躍している。市民運動などとかかわりのある人物もいる。法律を熟知し、政策への造詣も深いこういった人々は、いわば即戦力として各政党で重きをなしている。

　参議院の比例区は、いわゆるタレント議員の活躍の場であったが、近年は、衆議院の比例区のみならず小選挙区でもメディア出身者の当選が増えている。キャスター、アナウンサー、芸能人、メディアへの露出で有名になった学者や弁護士など、「おしゃべり業」で経験を積んだ人々は、メディアや有権者へのアピールが巧みである。年齢も比較的若く、有権者の動向にも敏感であることから、当選後も存在感を示す例が増えている。

　じつは、候補者選びは、各党が苦慮するところである。公明党、共産党という組織政党には、政党活動家から議員への立候補という道筋が存在するが、その他の政党は候補者を集めるのに苦労することが多いのである。選挙制度改革で、選挙費用はかつての中選挙区制時代ほどはかからなくなったとはいえ、立候補者は、場合によっては職を辞し、それなりの額の選挙費用を負担しなくてはならない。それでいて、落選した場合の次の職の保障はないのであるから、立候補の決断は容易ではない。近年では、前述のイギリスと同じように候補者を公募している政党もあるが、「立候補させたい人物」「当選できる候補者」を発掘し、さらに当選させるのは容易ではない。

資金の乏しい小政党からや、無所属で立候補して当選するのはさらに難しい。日本には、立候補に際して一定の金額を選挙管理委員会に寄託する**供託金制度**があり、その金額は、たとえば衆議院小選挙区で300万円、比例区で候補者一人につき600万円と、供託金制度がある他国と比べてもかなり高額である。選挙で一定の票を獲得できなかった場合（衆議院小選挙区では有効投票総数の10分の1）に寄託した金が没収される供託金制度は、売名目的などの立候補を抑制する、また、集めた金を選挙予算に充てる、などを目的とするとされている。しかし、アメリカやフランス、ドイツなどには供託金制度自体がない。立候補の自由の侵害にあたると考えられているからである。高額な供託金は、日本では、一般の人々や新人の立候補の障壁となっている。日本では、議員への道はかなり険しいのである。

日本は、IPUの調査では、世界でも女性議員の比率が低い国の一つに数えられている（2017年12月1日時点で、衆議院の女性議員比率は10.1％で、193カ国中157位）。男女共同参画との掛け声はあるが、女性が立候補して議会で活躍する条件が整っているとは言いがたい。とはいえ、2018年には政治分野における男女共同参画の推進に関する法律が成立し、今後、女性の政界進出への条件整備が進むことも期待されている。

（2）世襲議員

世襲は、現在の日本では、最も有力な議員への道であるかもしれない。父や祖父、その他の係累が引退したり死去したりした時、その後継者として立候補するのが世襲候補者である。前議員の、地盤、看板（知名度）、鞄（政治資金）といういわゆる「三バン」を受けついでいるため、選挙ではあまり苦労せずに当選し、比較的少ない当選回数のうちに要職を経験することも少なくない。現在の日本の国会で、世襲とみなされる議員は3割程度存在する。これは、他国と比較してもかなり高い比率である。長く政権の座にある自由民主党の議員の世襲率はとりわけ高い。

世襲議員が多い理由は、次のように考えられる。まず、選挙区の**個人後援**

3．日本の国会議員　　105

会の存在である。1993年まで長年つづいた中選挙区制では、特に保守系の候補者の場合は、その個人後援会が選挙での集票のために重要な役割を果たしていた。選挙制度改革による小選挙区制の導入や、政党助成法の成立によって、選挙での党執行部の影響力が強まったものの、個人後援会の存在感には依然として大きいものがある。当選した候補者は、議員として公共事業を誘致したり補助金を獲得したりして地元に貢献し、支持をかためるから、後援会はさらに結束を強めていくのである。

　後援会にとって、議員の死去や引退は死活問題である。そこで、後継者として、議員の近親者を擁立しようということになる。現職議員の知名度は抜群であり、その配偶者や子や孫、兄弟などは当選が期待できるため、候補者として最適なのである。また、議員の側にも、自ら築き上げた地盤を縁者に継承させたいという願望がある。**政治資金規正法**の不備をついて、政治資金を後継者に事実上相続させることもできる。政党の幹部にとっても、選挙に強い世襲候補者は歓迎すべき存在であるので、党の公認が与えられることになる。こうして世襲の候補者は当選していく。選挙区が個人の資産のようにみなされ、議員が家業と化している例は少なくない。

　有名な政治家の二世、三世は知名度が高いため、昇進のスピードがはやい場合も多い。2006年に戦後最年少で首相に就任した安倍晋三は岸信介元首相の孫、安倍晋太郎元外相の子であった。また、安倍首相（一次政権、2006 ～ 7年）から鳩山由紀夫首相（2009 ～ 10年）までの四代の首相は、すべて父か祖父が首相であった。

　政治家の家柄に生まれたことで、国や社会のために尽くすという気概が人一倍強い議員も存在する。また、政治家としての能力に恵まれている場合もあるので、世襲を一概に否定することはできない。民主党政権時代（2009 ～ 12年）には、世襲の制限が議論されたが、結局は実現していない。とはいえ、あまりに多い世襲のゆえに、政治家に係累のない人々が議員になるルートが著しく狭められているとすれば、それは問題である。それは、日本の政治の民主性を疑わせ、政治の活力を失わせるものである。

106　　第8章　議会②：議員・政治家

■■ 4．議員・政治家の存在意義 ■■

　既成の政治家への不信がめだつのは、日本だけの現象ではない。2016年の
アメリカ大統領選挙や、2017年のフランス大統領選挙は、象徴的であった。
　議員の存在意義も問われている。通信や情報技術が発達した今の時代にお
いては、議員を介在させずに有権者の意見を集約し、全国民にかかわる重要
な決定を下すことは不可能とは言いがたい。この時代における、議員・政治
家の存在意義は何であろうか。

（1）政治家にできること、議員にできること

　政治家にできることを考えるとき、しばしば取り上げられる有名な地方政
治家、深沢晟男がいる。彼は、1957年に、貧しく、冬は雪に閉ざされて外部
との往来もままならない岩手県沢内村（現西和賀町）で、「村人の命を守る」
を公約にして村長に当選した。彼は、乏しい財源のなか、数々のアイデアで
周辺の人々を巻き込みながら、生活や医療体制の改善に努めた。そして、
1960年には国や県の反対を押しきって、日本ではじめて老人医療の無料化に
踏みきり、その後の日本の医療行政の先駆けとなったのである。
　現在では、老人医療無料制度は、国でも西和賀町でも廃止されているから、
深沢村長の遺産は消えつつあるように見える。しかし、一人の志を持った政
治家がどれだけの仕事をなしえるかを知ることは、政治家の存在意義を考え
る際の手がかりになる。とはいえ、地方自治体の首長と議員では少々事情が
違っているのも事実である。一人一人の議員が、深沢村長のようなリーダー
シップを発揮することはできないからである。
　では、全国から何百人もの議員が選ばれ、一堂に会して討議することの意
味は何かと言えば、それは**熟議**に尽きるであろう。何らかのかたちで有権者
に選ばれた議員たちは、地域の代表として、同時に国民の代表として、議論
に参加し、決定する。そこには、直接に個々の国民の意見を聞くのとは違っ
た、熟議の成果があるはずなのである。議会は民意を反映するべきだとされ

るが、生の民意ではないことに意義があるとも考えられる。2016年に国民投票の結果、EUからの離脱を選択して世界を驚かせたイギリスでは、国民投票にかけるのではなく、議会での討論を経て決定するべきであったという反省があるという。議会で熟議をして結論を出せば、結果は違っていたのではないか、少なくとも残された分断は小さかったのではないかというのである。

（2）政治家の資質

　わたしたちは、政治家にどのような資質を期待すべきだろうか。言いかえれば、どのような議員を選べばよいのだろうか。これは、一人一人の有権者が考えるべき問題だが、一つのヒントを述べておこう。

　マックス・ヴェーバーは、政治家の資質として、情熱、責任感、判断力の三つを挙げている。ヴェーバーは、次のようにも述べている。「自分が世間に対して捧げようとするものに比べて、現実の世の中が——自分の立場から見て——どんなに愚かであり、卑俗であっても、断じて挫けない人間、どんな事態に直面しても『それにもかかわらず！』と言い切る自信のある人間。そういう人間だけが政治への『天職』を持つ」（ヴェーバー、脇訳、1980）。

　ただし、情熱と責任感を持って進む政治家の行く先を見据えるのは、有権者であることは、忘れてはならない。現代の有権者はヴェーバーが指摘した資質以外にさらに、自分に都合のよい意見だけでなく、有権者の多様な声を真剣に受け止めること、有権者に対してきちんとした説明をすること、を政治家に期待すべきであろう。

コラム：国会議員は多すぎるのか

　日本の国会議員は減りつづけている。2000年の改正前には、両院合計で752人であったのが、2017年時点の公職選挙法の規定では707人（衆議院465、参議院242）になっている。2000年の衆議院の定数削減は、比例区の定数を減らし小選挙区制の要素を強めるため、と説明されていたが、その後の削減は、おもに「一票の格差」を縮小させるためにおこなわれている。議員定数の削減

は、議員たちにとっては死活問題なので、抵抗はあるはずなのだが、「身をきる改革」などという奇妙な言葉で、いつの間にか議員の定数は減っている。

　さて、日本の国会議員は多すぎるのか。制度の違いがあるので数だけで比較してもあまり意味はないが、衆議院にあたる下院議員の定数（2017年時点）を比較すると、アメリカ435人、イギリス650人（600人に減らす方針）、ドイツ598人（規定上の数字）、フランス577人、イタリア630人、アメリカは例外として、それぞれの国の人口規模からすると、日本の衆議院議員465人は決して多くはない。日本の国会議員が、定数削減は有権者に好感を持って受け入れられると信じているとすると、自らが存在意義をあまり感じていないからなのか、とうがった見方もしたくなる（イタリアは2020年に400人に削減）。

（甲斐　祥子）

4．議員・政治家の存在意義

9 執　　政

[日本の首相はどこに立っているか]「最近は、日本の首相もたいしたものね」祖母の言葉に、山田さんは祖母のほうを見た。祖母は、新聞の第1面を見ている。「昔は、サミットの写真では、日本の首相は隅っこにいたような気がするけれど、今は真ん中でアメリカ大統領の隣だもの」。なるほど、第1面の写真では、首相はさっそうとして、中央部に立っている。祖母が若い頃、サミット（先進国首脳会議）がはじまったのだが、その頃は日本の首相は、いつも小さくなっているように見えたのだそうだ。

　何十年も経てば、日本の国際的地位や国際関係も変わっているから、日本の首相の立ち位置も変化しているのは当然だろう。「でも、もしかしたら」、国際的地位や国際関係だけでなく、日本の首相そのものが変わったということを示しているのかもしれない。山田さんは、かつての日本の首相はリーダーシップをふるうのが難しかった、と授業で聞いたことを思い出した。そのころは党内の派閥が力を持っていて、首相の力がかなり制約されていたというのだ。現在の首相のリーダーシップはどうなっているのだろうか。日本の首相の隣で満面の笑みを浮かべているアメリカの大統領のリーダーシップと比べたらどうなのだろうか。山田さんは、しっかり勉強してみたくなった。

1. 執政制度とリーダーシップ

　第3章では議院内閣制や大統領制などについて学んだが、これらの統治制度は近年政治学者の間で**執政制度**と表現され、次のように定義されている。すなわち、執政制度とは、民主主義の政治体制において行政府の長をどのように選出し、立法府である議会や国民とどのような関係のもとに置くかにつ

いての諸ルールである（建林・曽我・待鳥、2008）。そして、このような執政制度に着目した研究が進むにつれ、首相や大統領の**リーダーシップ**についても、従来とは異なる議論がおこなわれるようになった。

　以前は、議院内閣制や大統領制を対置し、リーダーシップの比較論が盛んにおこなわれていた。たとえば、「首相と大統領はどちらがより強いリーダーシップを発揮するか。また政策実行力はどちらのほうがより強いか」といった点が議論され、議院内閣制の方がより強いリーダーシップを発揮できると考えられた。大統領制では大統領と議会が別々に選ばれ両者の関係が相互に独立していることから、大統領は議会の支持を得ることが容易ではないのに対して、議院内閣制では、議会多数派のリーダーである首相は、議会多数派の支持を背景に自身の政策を推進できると考えられた。このように、かつては大統領との比較から首相のリーダーシップの強さが強調され、なかでも**ウェストミンスター型**と称される、イギリスの議院内閣制は強い首相の典型と主張されたのであった。

　しかし、現在は上記のような比較論ではなく、議院内閣制、大統領制それぞれの多様性に着目する研究が増えてきており、リーダーシップの大きさは単純に執政制度のみで決まるものではなく、その他の要素との組みあわせが重要であるとの見方が政治学者の主流になってきている。すなわち、同じ執政制度を採用していても、その他の制度が異なれば、国によってリーダーシップの大きさは変わると指摘されるようになってきており、近年ではそうした多様性をもたらす要素の解明がおこなわれている。

　そこで、ここではリーダーシップを巡る首相と大統領の従来の比較論を繰り返すのではなく、先行研究に依拠しながら、首相、大統領それぞれのリーダーシップについて考えてみたい。そして、最後に日本のケースを取り上げ、日本の首相のリーダーシップの特徴や最近の傾向などについても言及したい。

1. 執政制度とリーダーシップ

■■ 2．首相のリーダーシップ ■■

首相のリーダーシップの強さ・弱さはどのような要素で決まるのであろうか。

（1）「強い」首相

概して、**議院内閣制**における首相は強力なリーダーシップを発揮できると言えよう。首相は議会の多数派から選出される。首相は議会の多数派の支持を背景に内閣を組織していることから、立法権と行政権は融合し立法府の意思と行政府の意思は基本的には一致しているはずである。そのため、内閣提出法案は議会多数派の支持のもと、きわめて高い確率で成立するはずである。議会多数派の支持を確保していることから、よほどのことがない限り、内閣不信任決議が可決されることはなく、総辞職を迫られることもない。

また、首相は議会を解散する権限を持っている。国によっては、内閣不信任決議が可決された場合以外でも、首相はいつでも議会を解散することができる。この場合、首相は与党の議席拡大が可能な時期を見計らって解散・総選挙に持ち込み、政権基盤を強化することができる。選挙は議員にとって最大の関心事であるため、首相の解散権は「伝家の宝刀」と言われるほど威力を発揮する。

さらに、近年、首相への権力集中がより顕著に見られると言われている。マスメディアを積極的に活用し国民的人気を確保し、政治任用によって数多くの個人アドヴァイザーをかかえることで、首相は円滑な政権運営を試みるようになっていると指摘されているが、このような政権運営のスタイルは、アメリカの大統領に典型的に見られることから、**政治の「大統領制化」**とも呼ばれる。

イギリスのトニー・ブレア首相はその最たる例であった。1997年から2007年にかけて首相を務めたブレアは、自らの人気を高めるためメディア戦略を活用したことで知られ、政治家の言動やパフォーマンスを演出する参謀役の

スピンドクターを何人も用いて、若くて有能というイメージを人々に浸透させた。また、野党時代からのアドヴァイザーを政治任用して首相官邸に集め、政策立案の中枢に据えた。政治任用者の数は前任のジョン・メージャー首相期の倍以上であり、ブレアは閣議よりもアドヴァイザーとの非公式な会合を好み、官僚よりもアドヴァイザーの意見を重視したのであった（近藤、2017）。

（2）首相のリーダーシップに影響を与える要素

　しかし、議院内閣制を採用するすべての国で首相の強力なリーダーシップを観察できるわけではない。それは、かつて議院内閣制を採用する我が国において首相のリーダーシップの弱さが繰り返し指摘されていたことを思い出せば、明らかであろう。すなわち、議院内閣制における首相のリーダーシップにはヴァリエーション（多様性）があり、多数派の構成と与党内の集権度という二つの要素の組みあわせによって、リーダーシップの大きさは決まると考えられている。

　多数派の構成とは、政権与党が単独であるのか、連立であるのかということであり、与党が一つの政党だけなのか、あるいは複数の政党からなり立っているのかということである。与党内の集権度とは、党執行部がどの程度その党所属議員を統制できるかであり、具体的には、党幹部が末端議員の生殺与奪の権限をどの程度握っているかということである。そのような権限としては、選挙での公認、当選後のポスト（人事）、選挙資金などが挙げられる。そして、これら多数派の構成と与党内の集権度の組みあわせによって、議院内閣制における首相のリーダーシップの程度は大きく異なってくると考えられている。

　たとえば、政権与党が単独で与党内の集権度が強い場合には、首相の指導力はきわめて強力なものとなろう。イギリスは、まさにこれにあたる。逆に、政権与党が複数から構成され、与党の集権度が弱い場合、首相の指導力は非常に弱いものになろう。首相は連立を組んでいる他の政党の意見を無視できないだけでなく、自身が所属する党内の様々な声にも配慮せざるをえない。

2．首相のリーダーシップ　113

そのため、首相は常に慎重な調整をおこなう必要があり、その分、リーダーシップを発揮できる余地は乏しくなる（建林・曽我・待鳥、2008）。

このように、多数派の構成や与党内の集権度の組みあわせによって、首相のリーダーシップの強さは大きく変化する。

■■ 3．大統領のリーダーシップ ■■

では、大統領のリーダーシップの強さはいかなる要素によって決まるのであろうか。

（1）大統領のリーダーシップの強さ

大統領制では、大統領と議会が別々の選挙で選ばれることから、大統領が所属する政党が議会において少数派という**分割政府**が生じる場合がある。一般的に、分割政府では大統領は自らの政策を進めるのが難しくなると言われている。その一方で、分割政府の逆の状態、すなわち大統領の所属政党が議会で多数派である状態（統一政府）では、大統領は自らの政策を進めやすくなると言われている。

しかし、議院内閣制と同様、大統領のリーダーシップにもヴァリエーションがある。そして、大統領のリーダーシップの大きさは、憲法上大統領に認められた立法権と、大統領の党派的政治力によって異なると考えられている。

まず、憲法が与えた事実上の立法権とは、拒否権や大統領令などである。議会を通過した法案が最終的に成立するためには大統領の署名が必要となるが、大統領は署名を拒否することができる。これは消極的な立法権と呼ぶことができよう。大統領令とは、政令や省令など法律の委任にもとづき行政機関が定める行政立法などをさす。仮に大統領が議会多数派の反対に直面して自らの政策の遂行が難しい状況になっても、こうした拒否権や大統領令といった憲法が与えた事実上の立法権を行使することで、大統領は膠着した政治状況を打開できる可能性がある（木寺、2016）。

次に、大統領の党派的政治力とは、大統領が議会内の政党とどのような関係を持っているかを意味しており、具体的には、大統領を支持する政党が議会で多数派であるかどうか、そして議会内の政党の一体性が強いかどうかという点に大きく影響を受ける。

　まず、議会内で大統領を支持する政党が多数派であり、かつ議会における政党の一体性が強い場合、大統領が自らの政策を進めやすいことは明らかであろう。この場合、大統領は立法権と行政権の分離を克服し、安定した指導力を発揮することができる。一方、大統領を支持する政党が議会で少数派であっても、大統領の政権運営は行きづまるとは限らない。議会内政党の一体性が低ければ、大統領は個別の政策ごとに反対勢力を切り崩すことで党派を超えた一時的な多数派を形成することができる可能性があるからである。

　しかし、政党の一体性が弱い場合については、次の可能性も指摘できる。大統領を支持する政党が議会多数派であったとしても、反対勢力による切り崩しが功を奏し、大統領政党の議員のなかから反対に回る者があらわれ、政治が停滞することもありえる（永山・富崎・青木・真下、2016）。すなわち、与党議員の間からも大統領の意向に反する行動をおこなう者があらわれ、大統領による多数派工作がうまくいかなくなる可能性がある。言いかえると、統一政府の状態でも、大統領は自らの政策を順調に遂行できるとは限らないのである。

（2）アメリカ大統領のリーダーシップ

　上記の議論に関連して、アメリカ大統領のリーダーシップについても付言しておきたい。おそらく、ほとんどの人は大統領制と聞くと、アメリカをまず想像するであろう。そして、アメリカ大統領は、絶大なリーダーシップを発揮し困難な課題に立ち向かっていると理解している人は少なくないように思われるが、果たしてそのような理解はアメリカ政治の現実を反映したものと言えるであろうか。

　アメリカ合衆国憲法は、立法権を議会に、行政権を大統領に与えて両者を

3．大統領のリーダーシップ　　115

分立させ、相互に抑制し均衡を保つ関係に置いた。イギリスから独立を達成した18世紀後半、憲法制定者が最も心配したのは、議会が暴走し行政府を支配下に置いて大きな権力をふるうことであった。そのため、憲法制定者は行政府の長である大統領を議会の選出によらない制度を考案したのである。こうして、大統領と議会の関係は相互に独立し、大統領は議会から命令を受けることのない存在になったが、その一方で大統領は立法権を持つ議会には法案を提出することもできず、憲法上、政治を主導する権限は与えられなかった。

　要するに、大統領は政府を構成する立法、行政、司法の三部門の一つにすぎず、その制度上の権限は限定された。事実、大統領の権限は、行政権、軍の司令官としての権限、条約締結権、官職任命権、立法勧告権、拒否権などであり、アメリカという国の政治を常に主導できるほど大きくは設定されなかった。

　ただし、憲法上の大統領の権限は限定されたものの、20世紀に入ると事実上、大統領はアメリカ政治を主導する存在になっていく。19世紀後半の急速な経済成長によって様々な経済社会問題が噴出し、議会が迅速に対応できないなか、代わりに大統領が問題の解決に向けて指導的役割を発揮するようになる。その代表がフランクリン・D・ローズヴェルト大統領であった。大恐慌の最中の1932年に当選したローズヴェルトは「ニューディール」と呼ばれる、野心的な政策を相ついで打ち出し未曾有の経済危機を乗り越えようとした。そして、政策を実現する上で必要となる自らの権力を高めるため、政府機関とは別に自らの手足となって働く大統領府を設置するとともに、当時普及しつつあったラジオを通じて国民に直接語りかけ、国民の支持を調達したのであった。一方、議会の側も、大統領主導の政治を基本的に受け入れ、大統領が中心になって政策を立案し議会がそれを法律として成立させるというパターンが生まれた。こうした大統領の立法リーダーシップを特徴とする政治はまもなく「現代大統領制」と名づけられ、第二次世界大戦後のアメリカ政治の基本的な特徴となっていく。

しかし、現代大統領制が出現したといっても、それは統治制度の変更をともなうものではなく、憲法上大統領の権限は限定されたままであった。こうしたなかで、議会が大統領に対して次第に自己主張をはじめていく。その直接の契機は、1960年代から70年代にかけて生じた出来事であった。なかでも、ヴェトナム戦争の泥沼化や、一大政治スキャンダルとなったウォーターゲート事件は、強力な大統領の危険性を広く認識させた。その結果、議会はそれまでの大統領への追随姿勢を改め、大統領の独走を抑制することに積極的になり、次第に大統領と議会の関係は緊張をはらんだものへと変化していった。とりわけ、分割政府の時は、民主党、共和党の政党間対立が激化した影響もあり、大統領は議会多数派の協力を確保できず、きわめて厳しい政権運営を強いられるようになった。

　以上のように、憲法上の限定された権限に加え、議会の巻き返し、分割政府、政党間対立といった1970年代以降の政治状況を考えるならば、大統領の強力なリーダーシップのもとアメリカ政治は動いているとの見方には注意が必要である。

━━ コラム：オバマ大統領 ━━

　オバマ政権は、3年目以降、完全に行きづまった。2010年と2014年の議会選挙で共和党が下院と上院のそれぞれの多数党の座を奪取し、共和党内が反オバマで結束したことから、2011年以降は立法上の業績を上げられなくなってしまったのである。また、大統領と議会が激しく対立した影響により、2013年には予算法案が成立せず、18年ぶりに一時的に連邦政府機関が閉鎖されるという事態まで生じた。2008年大統領選挙において国内外から多くの期待を集めて当選したオバマ大統領であったが、分割政府や激しい党派対立を前に、2011年以降は特に内政面では強力なリーダーシップを発揮することができなかった。

3．大統領のリーダーシップ

■■ 4．日本の首相のリーダーシップ ■■

　これまで首相及び大統領のリーダーシップのヴァリエーションを考察したが、ここからは日本の首相のリーダーシップについて考えてみたい。

（1）調整型・牽引型

　戦後日本は現行憲法のもとで議院内閣制を採用したが、これまで首相のリーダーシップは、**調整型**と**牽引型**という二つのタイプがあると指摘されてきた。調整型とは、様々な意見や利害の調整役として権力を維持するタイプであり、その意思決定は下からの積み上げ、すなわちボトムアップになる傾向がある。牽引型とは、自ら政策課題を設定し、人々を巻き込みながら課題の解決に邁進することで権力を維持するタイプである。

　第二次世界大戦後の日本の首相のなかで、まず名前が挙がるのは吉田茂であろう。吉田は二度にわたり合計7年間首相を務め、憲法制定や講和の実現、日米安全保障条約と経済発展を推進し、戦後日本の繁栄の土台を築いたことで知られる。「ワンマン」ぶりが批判されることもあったが、それは吉田が牽引型であった何よりの証である。

　吉田以降の歴代首相では、鳩山一郎、岸信介、佐藤栄作らは外交や安全保障の問題で、池田勇人や田中角栄は経済政策の分野でそれぞれ牽引力を発揮した。しかし、経済成長の継続とその成果の配分が政治の中心的な課題になるにつれ、首相に期待される役割は、力強く牽引していく能力ではなく、調整能力に変わっていった。

　調整型の首相が多くあらわれるようになるなかで、1982年に首相に就任した中曽根康弘は、久々に登場した牽引型の首相であった。深刻な財政危機の最中に就任した中曽根は、行政改革をかかげ、私的なブレーンを登用した審議会を積極的に活用し、国鉄の民営化をはじめとする政策を推進した。イギリスの首相マーガレット・サッチャーや、アメリカの大統領ロナルド・レーガンとならんで、新自由主義路線をとり、「小さな政府」を推進した。2001

年に首相に就任した小泉純一郎も、「聖域なき構造改革」「郵政民営化は改革の本丸」といったスローガンをかかげ、有権者の圧倒的な支持を背景に牽引型のリーダー像を提示した。「自民党をぶっつぶす」という発言や、小泉路線に反対する人々を「抵抗勢力」と呼ぶパフォーマンスも多くの人々をひきつけるものであった。

とはいえ、戦後日本の首相のほとんどは短期間で首相の座を降りている。戦後直後の東久邇宮稔彦から菅義偉までで、実に34人が首相を務めており（吉田茂と安倍晋三は2回務めている）、在任期間は平均して2年程度である。他の議院内閣制の国では、戦後の首相経験者の数はイギリスが16人、ドイツ（西ドイツ）が8人であり、政権が頻繁に交代することで有名なイタリアでも30人であり、日本の多さは際立っている（2021年2月現在）。たしかに、牽引型に分類される首相のなかには長期間政権を維持した者が多いが、在任期間が2年程度では首相がリーダーシップを発揮することは現実的に難しい。実際、長く日本では首相のリーダーシップの「弱さ」が指摘されてきた。

（2）「弱い」日本の首相

戦後の日本ではほとんどの期間、自由民主党による単独政権であり、政権与党は一つの政党からなり立ち、複数の政党間の調整が首相の足を引っ張ることはなかったが、一方自民党内の性格が首相のリーダーシップを大きく制約していた。

第5章で述べたように、自民党内では議員のインフォーマルな集団である**派閥**が大きな影響力を持ち、自民党政権は各派閥の連合政権という性格を持っていた。派閥は党内の党のような存在と言ってもよく、派閥連合政権は事実上連立政権に近いものであった。自民党総裁＝首相に選ばれるためには、他の派閥の支持を確保して党内で多数派を形成しなければならなかった。このように、首相は派閥連合に権力基盤を置いていた。閣僚などの重要ポストも首相の意思で自由に決めることは基本的に不可能であり、派閥の規模などに応じて割り振る派閥均衡人事をおこなう必要があった。このように、首相

4．日本の首相のリーダーシップ　　119

は人事や組織の決定において派閥の意向に縛られた。

　政策決定過程でも、首相のリーダーシップは制約を受けていた。自民党では、**与党事前審査**と呼ばれる、内閣が国会に提出する法案や予算案は閣議決定の前に党の了承を得るという慣行がつづいた。すなわち、内閣提出法案などは、党内に政策領域ごとに設置されている政務調査会の部会や調査会での事前審査を経なければならず、自民党政権が長期化するにつれ、個別の政策領域に精通する議員、いわゆる**族議員**が台頭し、所属する部会や調査会で圧倒的な影響力を行使するようになり、族議員の既得権益に踏み込むような政策を決定することは難しかった。

　では、なぜ自民党は以上のように分権的な組織構造であったのか。それは、中選挙区制という選挙制度のもとで選挙が実施されたからであった。**中選挙区制**とは一つの選挙区から2名から6名を選出する制度であり、**大選挙区制**の一種である。1993年の衆議院選挙まで採用された中選挙区制では、自民党が政権維持に必要となる過半数以上の議席を獲得するためには、各選挙区に複数の候補を擁立しなければならなかった。要するに、自民党候補者同士の戦いが繰り広げられていたのである。そして、同士討ちが生じる環境では、各候補は党の組織に頼ることはできないため、派閥に所属するメリットはきわめて大きかった。派閥から、必要な支援を受けることができ、自ら組織した個人後援会などの運営に必要な政治資金を確保することができた。また、当選後も派閥の後押しを受けて政府や党の重要な役職を手に入れることができた。

　このように、自民党内の分権的な構造が首相のリーダーシップを大きく制約していたのである。

（3）「強い」首相の誕生

　しかし、2001年に首相に就任した小泉首相は強いリーダーシップを発揮したことで知られる。小泉は「構造改革がなければ景気回復なし」と訴え、公共事業の削減、規制緩和、道路公団民営化、郵政民営化といった党内でも反

対の声が根強くあった改革を実現させた。2012年に二度目となる首相に就任した安倍晋三首相も、「アベノミクス」という野心的な経済政策を打ち出し、「安倍一強」といった言葉もあるように、強いリーダーシップを発揮した政権運営をおこなっている。あれほど「日本の首相の権力は弱い」と言われていたのに、なぜ近年の日本の首相は強い指導力を発揮できるようになったのか。それは、1990年代以降に実施された**政治・行政改革**の影響が指摘できる。

　55年体制末期になると、1988年に明るみになったリクルート事件に象徴されるように、政治とカネの問題が次々と発覚するようになったが、中選挙区制こそ金権腐敗の根本原因であると指摘されるようになった。同士討ちの影響として、各候補は同じ政党の候補者との違いを打ち出すため、地元選挙区における過剰なサーヴィス合戦をおこなわざるをえず、莫大な資金を必要としていた。そして、そうした資金需要を賄っていたのが派閥であったが、こうしたカネのかかる選挙こそが問題であるとし、選挙制度を抜本的に変更し**小選挙区制**を導入すれば、カネのかからない政党本位の選挙が実現し、派閥も消滅に向かうであろうと主張された。その結果、1994年に中選挙区制が廃止され、**小選挙区比例代表並立制**が導入されたが、これにより党の公認権をはじめ党執行部の権限が格段に強化された。また、選挙制度の変更と同時に、政治資金制度改革も実施された。政治資金の規制強化とともに**政党助成制度**が導入され、個々の議員にとって政党からの資金援助の重要性が増した。そして、これら政治改革の結果、自民党の組織構造は分権的なものから集権的なものへと変化し、首相の権力が増大することになった。

　政治改革によって与党内の集権度が高まったとすれば、1990年代後半以降本格化した行政改革は官僚に対する首相の統制力を大きく増大させることになった。

　長い間、日本における政策形成は行政府の官僚が主体となっており、内閣は官僚が立案した政策を承認しているだけであると指摘された。官僚が主導権を握っているという意味で、「官僚内閣制」であるといった声もあった。しかし、次第にこうした官僚主体のボトムアップ的な政策形成に対する批判

4．日本の首相のリーダーシップ　　121

が増大するようになり、内閣機能の強化をめざした動きが進展し、2001年1月からはじまった**中央省庁等改革**へと具体化された。

　この改革はおもに以下の内容からなる。第一に、首相が閣議の主催者として内閣の重要政策に関する基本方針を発議できるようになった。第二に、首相を直接支える内閣官房が強化され、企画立案や積極的な調整権限が付与されたほか、スタッフが増員された。第三に、首相を長とする行政機関である内閣府が新設された。この内閣府には、経済財政運営、科学技術などの分野を担当とする特命担当大臣が置かれ、経済財政諮問会議、総合科学技術会議など重要政策に関する会議が設置された。加えて、1999年に成立した国会審議活性化法により各省庁に副大臣や政務官が置かれ、各大臣を支える体制も強化された。

　以上の改革を背景に、小泉首相は強力なリーダーシップを発揮し郵政民営化をはじめとする様々な改革を実現したのであった。すなわち、ボトムアップ型の政策決定に代えてトップダウン型の政策決定を試み、官僚に対する主導権を確立し政策決定から族議員の影響を排除したのであり、とりわけ、内閣府に設置された経済財政諮問会議はそうした官邸主導の司令塔であった。

　たしかに、その後の内閣を見ると、すべての首相が小泉首相のような強力なリーダーシップを発揮できたとは言いがたい。しかし、2012年に発足した第二次安倍内閣において再び官邸主導のトップダウン型の政策決定が見られるようになり、たとえば、経済財政諮問会議のほかに様々な会議が置かれ、安倍首相を直接支えている。また、2014年には内閣官房に国家安全保障会議（日本版NSC）の事務局として国家安全保障局が新設され、外交安全保障の分野でも官邸主導が強化された。さらに、同年には同じく内閣官房のなかに内閣人事局が設置され、各省庁の幹部人事に対する官邸の統制力も格段に強まることになった。

　このように、一連の政治・行政改革を受けて、我が国ではよりウェストミンスター型に近い「強い」首相があらわれていると言えよう。

122　　第9章　執　　政

表9-1　戦後の歴代首相の就任年月一覧

1．東久邇宮稔彦	1945年 8 月	19．宇野宗佑	1989年 6 月
2．幣原喜重郎	1945年10月	20．海部俊樹	1989年 8 月
3．吉田茂	1946年 5 月	21．宮澤喜一	1991年11月
4．片山哲	1947年 5 月	22．細川護熙	1993年 8 月
5．芦田均	1948年 3 月	23．羽田孜	1994年 4 月
6．吉田茂	1948年10月	24．村山富市	1994年 6 月
7．鳩山一郎	1954年12月	25．橋本龍太郎	1996年 1 月
8．石橋湛山	1956年12月	26．小渕恵三	1998年 7 月
9．岸信介	1957年 2 月	27．森喜朗	2000年 4 月
10．池田勇人	1960年 7 月	28．小泉純一郎	2001年 4 月
11．佐藤栄作	1964年11月	29．安倍晋三	2006年 9 月
12．田中角栄	1972年 7 月	30．福田康夫	2007年 9 月
13．三木武夫	1974年12月	31．麻生太郎	2008年 9 月
14．福田赳夫	1976年12月	32．鳩山由紀夫	2009年 9 月
15．大平正芳	1978年12月	33．菅直人	2010年 6 月
16．鈴木善幸	1980年 7 月	34．野田佳彦	2011年 9 月
17．中曽根康弘	1982年11月	35．安倍晋三	2012年12月
18．竹下登	1987年11月	36．菅義偉	2020年 9 月

（宮田　智之）

4．日本の首相のリーダーシップ

10 官僚制

[官僚は楽？] 三田さんは公務員志望だ。できたら郷里の市役所に勤めたいと思って、1年生の時から大学で開かれている公務員受験対策の講座を受講している。公務員を志望するようになったのは、両親の勧めがあったからだ。父は、勤めていた会社が倒産して苦労したことがあったので、倒産のないところが第一の条件だった。母は、公務員ならば産休なども取りやすいだろうし、子育てをしながらでもずっと勤められるだろうと言う。

　しかし、三田さんは今、少し悩んでいる。公務員になりたい理由が、「安定していて休みが取りやすそう」だけでよいのだろうか。公務員には、人々のために尽くす、という部分があるはずだ。公務員になって何をやりたいのか、どのような公務員になりたいのか、見つめてみる必要があるのではないだろうか。それに、公務員講座の講演会に来てくれた現役公務員の先輩の話だと、「死ぬほど忙しい部署もある」のだそうだ。漠然と公務員になりたい、ではだめなのではないかと思うようになったのだ。

　私たちが抱いている官僚・公務員のイメージははたしてあたっているのだろうか。官僚の実像を見つめてみよう。

1. 行政国家化

　19世紀は工業化や都市化が急激に進んだ時代であったが、そうした急激な変化は一方で様々な深刻な問題を噴出させ、社会不安を引きおこした。19世紀末になると、これら問題の解決に向けて、国家が積極的な役割をはたすことを求める声が高まり、次第に政府はありとあらゆる領域に関与するようになった。いくつか例を挙げるならば、政府は不況期に景気を刺激するための積極的な財政政策を実施するようになったし、失業問題や貧困問題の解消に

力を入れて取り組むようになった。また、政府は多くの規制を定めることで、公衆衛生の維持や食品の安全管理にかかわるようになった。

19世紀末以前においては、国家の基本的な役割は外交・軍事、そして治安の維持に限定されていた。しかし、以上のように政府がかかわる領域が一挙に広がり、政府の重要性が飛躍的に高まるなかで、いわゆる**行政国家化**が進んだ。すなわち、行政国家においては、専門的知識や情報を蓄積し、行政経験を積んだ膨大な数の官僚が、政策の立案・実施において欠かせない存在となった。官僚は、政策分野ごとに省や庁などと呼ばれる組織に編成され、その出先機関や地方政府とともに膨大な事務をこなし、国民にサーヴィスを提供する。このような意味での行政国家化（大きな政府化）は、程度の差こそあれ、大半の国々でおこり、どの国でも官僚制は拡大した。

当然、こうした行政国家化は、立法府と行政府との関係が劇的に変化したことを物語っていた。19世紀においては、議会制民主主義の定着により立法府が政治の中心であったが、議員たちには資本主義の発達により発生した複雑な問題に対応する上で必要な専門的知識や情報が決定的に不足しており、彼らが主導権を発揮して政策を立案し、問題の解決にあたることはきわめて困難であった。そこで、豊富な専門知識や情報を持つエキスパートである、官僚に依存するという構図が出現したのである。

こうして、20世紀に入るとそれまでの立法府中心の政治から一転、行政府が立法府に対して優位に立つようになり、官僚の影響力はきわめて大きなものになったのである。

■■ 2．官僚制の概念 ■■

行政国家化が進展するにつれ、官僚制についてどのような議論が展開されてきたであろうか。

2．官僚制の概念　　125

（1）ヴェーバーの官僚制論

　今日、「官僚的」と言うとき、そこには批判的な意味が必ず込められている。たとえば、「あの人は官僚的である」という表現は「融通がきかない人物である」といった意味で使われる。また、同じく「お役所仕事」という言葉も、「冷たい」とか、「サーヴィス精神が足りず、横柄である」といったような意味が含まれている。このように、官僚的あるいは官僚制といった言葉にはあまりよい響きはない。しかし、かつてまったく逆の評価を提示した学者がいた。それは、20世紀初頭に活躍したドイツの著名な社会学者であるマックス・ヴェーバーである。

　第1章で論じたように、ヴェーバーは**正統性**の観点から支配の形態を類型化し、**合法的支配**、**伝統的支配**、**カリスマ的支配**、という3つのタイプが存在すると主張した。そして、ヴェーバーはこれらのなかで「合法的支配のもっとも純粋な形態」こそが近代の官僚制であると主張した。

　ヴェーバーによると、**官僚制**は次の特徴を有している。すなわち、各人の職務範囲が明確であること、階層型（ピラミッド型）の組織、職務の専門性、文書による職務の遂行、職務専念の原則（兼職禁止）、規則主義（何事も規則にのっとって遂行されること）などの特徴がある。これらの特徴は、職務が効率的に遂行され、専門的知識や能力を持つ者が登用され昇進することを意味する。また、官僚の行動から恣意性を排除し、担当者が代わっても同じように仕事が継続されることを保証する。

　言いかえると、以上の特徴は官僚の行動を統制するものであり、官僚の行動の予測可能性を高めるものである。そして、このような特徴を持つ官僚制は、設定された目的を最大限に達成するという意味で、合理性を最も高い水準で達成する組織形態であると、ヴェーバーはとらえたのである（真渕、2010）。

（2）官僚制の逆機能

このように、ヴェーバーは近代官僚制の持つ長所を強調したが、1960年代

になると、アメリカの社会学者を中心にヴェーバーとは異なる議論が展開されるようになった。すなわち、ロバート・マートンらによって、ヴェーバーが主張した官僚制のメリットが、そのままデメリットになっている可能性が指摘されるようになったのである。

　各人の職務範囲が明確であることや職務の専門性は、官僚制内部の利害対立であるセクショナリズムの問題を生み、自身の属する組織の利益ばかりを考えるようになり、他の組織との協力や調整を軽視する態度を生み出す。また、規則主義は、官僚が思いつきで行動することを防ぐものの、規則を強調することは官僚の行動を硬直化させる。ある目的を達成するために設けられた規則を守ることが目的化してしまい、臨機応変に対応できなくなり、先例のないことや改革をおこなうことは嫌われる。さらに、ピラミッド型組織では、その内部で昇進することが最大の望みになって、「全体への奉仕」を忘れて上司の目を気にするようになったり、昇進を望まないのであれば規則に反しない範囲で怠けたりするようになる。

　マートンらアメリカの社会学者は、以上のように官僚制は逆機能という非合理的な問題を有していると強調したのであった。今日、「官僚的」という言葉に否定的な意味が込められているのは、一般的にも**官僚制の逆機能**の問題が広く認識されているからであろう。

　なお、日本においても官僚制に対する批判はきわめて強いものがあり、そうした批判は近年さらに強まっている感がある。もっとも、激しい批判が生じているのは、日本においても官僚制の非合理的な側面が顕著に見られるからであろう。しかし、官僚制の逆機能自体は、今にはじまったことではなく、それだけでは昨今の「官僚バッシング」を説明することはできない。

　真渕によると、我が国における近年の官僚バッシングを考える際には、追加的な要因を考える必要があり、次の4つの要因が重要である。すなわち、1980年代以降の小さな政府の流れによって行政全体への監視が強化され官僚に対する視線が厳しくなったこと、公務員の質が低下し責任感や国民に奉仕する心構えが薄れたこと、公務員に対する国民の目が厳しくなり、かつてで

2．官僚制の概念　　**127**

あれば許せたことも今では許せなくなったこと、マスメディアの質が低下し政治や行政のしくみに精通していないキャスターやコメンテーターと称する人々が公務員批判を繰り返し、それをマスメディアが歓迎し流布していること、以上である（真渕、2010）。

3．公務員制度

ところで、公務員はどのようにして採用されているのであろうか。官僚制を考える上で公務員制度も無視することはできず、それは大きくわけて二つの形態がある。

まず一つは、**資格任用制（メリット・システム）**と呼ばれるものであり、終身雇用制を前提に、一定の専門知識や技能などを客観的に測定する試験の結果をもとにして採用する。一旦採用されると、長期にわたって同じ省庁に勤務することになる。日本やヨーロッパで形成されてきた公務員制度は、まさにこの資格任用制である。

もう一つは、**政治任用制（自由任用制）**と呼ばれるものであり、試験結果にもとづき採用を決めるのではなく、任命権者（政治家）が人材をリクルートする方式である。アメリカは政治任用制が典型的に見られる国であり、高級官僚は政治任用によって採用される。

アメリカでは、市町村・州・連邦のすべての政府で、選挙で勝利し政権を獲得した政党がほぼすべての官職を独占する猟官制（スポイルズ・システム）が、1830年代に誕生し、20世紀の初頭までつづいた。この制度では、大統領選挙がおこなわれ、新政権が発足すると前の大統領によって任命された公務員は解雇され、代わりに新大統領を支持する者たちにポストが分配される。そして、次の大統領選挙で政権党が敗北すると、彼らのほとんどは失職することになる。

その後、アメリカでも専門性が重視されるようになり、今日では大半の公務員は資格任用制によって採用されている。そのため、現在のアメリカの公

務員制度を猟官制と表現するのはもはや適切ではない。とはいえ、その名残りとして、今日でも政権が交代するたびに、新大統領によって次官補（局長）以上の政府高官が新たに任命される。こうした政治任用の対象とするポストの総数は4000に達するとも言われている。これに対して、日本において政治任用の対象となるのは、大臣・副大臣・政務官のみであり、各省庁で5～6人程度である。

　次に、政治任用制と資格任用制それぞれの特徴について簡単に見てみたい。まず、政治任用制では、高級官僚は任命してくれた政治家に対して強い忠誠心を持ち、責任の所在が明確である。前の政権と異なるところをアピールしようとする傾向もあるため、既存の政策を変えることにも熱心である。その一方で、問題点としては人選が恣意的になる場合があり、素人同然の者が重要なポストに任命されることもある。行政の継続性が保ちにくいという問題もある。政治任用の対象にはならない一般の公務員として優秀な若い人材を確保しがたいという問題もあろう。将来が見えており、いくら頑張って働いても最終的に局長にすらなれないからである。

　資格任用制では、難関試験を通じて採用するため高い能力を持った者を確保しやすいと言える。また、生涯職となるため、官僚制の内部で専門的知識や経験を十分蓄積しやすく、政策の継続性や安定性を確保しやすい。一方で、政治家に対する高級官僚の忠誠心は保証されず、忠誠心を高めるためには適切な人事管理のシステムを作り上げる必要があろう。その他の短所としては、政策の継続性を重視することの裏返しとして、既存の政策を変更しようとする誘因は決して強くない（久保、2013）。

　このように、政治任用制、資格任用制それぞれに一長一短があり、どちらかが好ましいと言うことはできない。

4. 日本の官僚制

　長年、我が国では官僚が圧倒的な存在感を誇示してきた。「政治は二流だ

が官僚は一流」、「政治家ではなく、能力の高い官僚が優れた政策をリードしたことが、戦後の日本の発展をもたらした」と主張されたこともある。しかし、先に述べたように、近年では「官僚バッシング」が盛んにおこなわれており、官僚に対する国民の視線はますます厳しくなってきている。政治家の間では「政治主導」や「官から民へ」といったスローガンが好んで使われているが、そもそも日本の官僚にはどのような特徴が見られるのか考えてみたい。

（1）日本の官僚のタイプ

　日本の官僚は、大きく分けて**国士型官僚**、**調整型官僚**、**吏員型官僚**の三つのタイプがあると言われており、時代ごとにそれぞれのタイプの官僚が増減してきたと考えられている。

　まず、第一に国士型官僚は官僚こそが国家を背負っていると自負するタイプであり、国益を増進できるのは官僚をおいて他にいないと考える。そもそも、政治家や利益団体は自分たちの利益しか考えていないため、彼らの意見など聞く必要はないと考える。言うまでもなく、官尊民卑の伝統を強く受けついでいる。

　第二に、調整型官僚は、国士型官僚とは異なり、政治家と官僚の関係を対等なものとみなし、官僚は政治家に協力すべきであると考える。また、社会の様々な声にも積極的に耳を傾けるべきとし、利益団体と関係を強化することにも力を入れている。

　そして、第三に吏員型官僚は、国士型官僚とは対照的に、官僚は政治家のもとで働くべきだと自らを位置づけるタイプである。社会の声を拾い上げて調整していくのも政治家の務めであって、官僚の役割とは政治家が決めた政策を確実に実施していくことに尽きると考えている。言いかえると、自らの仕事を極力少なくしようとするタイプである。

　戦後日本の官僚を見ると、1960年代まではそのほとんどが、「我こそは天下国家のために働いているのだ」との誇りを持つ国士型官僚であった。小説

『官僚たちの夏』で登場した主人公は、まさに国士型官僚を象徴しており、たとえ大物政治家が相手であっても自らの意見を強く主張しようとする人物であった。しかし、1970年代以降になると、調整型官僚が増えてくる。高度経済成長を達成し、自民党支配がより強固になるにつれ、官僚に求められる役割が、国家をリードすることではなく、政治や社会の様々な利害を調整することに変わったのである。1990年代に入っても調整型の官僚が最も多かったが、官僚に対する世の中の目が厳しくなった1980年代半ば以降になると、自分からは積極的に動こうとしない吏員型も登場してくる。

　当然、それぞれのタイプに長所、短所がある。国士型官僚は、強い責任感を持ち、一見すると理想の官僚のように見えるかもしれないが、国民や政治家の声を無視して暴走する危険性がある。調整型官僚については、たしかに政治家の意見や利益団体の主張に耳を傾けるという点は長所ではあるものの、そうした人脈作りが行き過ぎると、関係した業界と癒着し、政治家と馴れ合いの関係に陥ってしまう。1990年代以降、官僚による不祥事が相ついで発覚したが、それは調整型官僚が政策立案に役に立つような多くの情報を得ようとするあまり、度を越した人づき合いをしたからだとも言われている。吏員型官僚は、与えられた仕事を確実にこなすという点は高く評価されるが、仕事に対して自発的に取り組むという態度は乏しく、杓子定規になりがちである（久米・川出・古城・田中・真渕、2011）。

（2）官僚の自律性

　戦後の日本の官僚については、1960年代から80年代まで、内閣（大臣）との関係において自律性（自ら意思決定をおこない行動すること）が高かったと言われている。人事では、政治任用職が少なかった上、各省庁では原則新卒採用された公務員が年功序列を基本としつつ、能力によって少しずつ昇進に差をつけるという人事管理がおこなわれた。組織編成でも、1960年の自治省設置後は省庁の新設や統合などの組織改革も滅多におこなわれなかった。法律案の作成についても、政治家から官僚への委任の程度は大きく、内閣提出の

法案に関しては官僚がイニシアティヴを握る場面が多かった。予算面でも、1960年代以降は当時の大蔵省が主導権を事実上握っていた。法律にもとづかない、官僚の裁量による行政指導や行政処分などが、1993年の行政手続法の制定によって行政指導の位置づけや手つづきが明確化されるまで、いわば自由におこなわれていた。法律の執行の際に必要な命令や規則である政令や省令などの委任立法も、官僚に委ねられていた。このように、官僚の裁量の範囲は非常に大きかったのである。

とはいえ、官僚は完全な自律性を有していたわけではなく、自民党の族議員による非公式なコントロールを受けていたことは忘れてはならない。各省庁の出身者も含まれる族議員は省庁の幹部人事に対して一定の影響を与えていたし、政策決定過程における与党の事前審査制を無視することはできなかった。ただし、族議員と官僚は必ずしも緊張関係にあったわけではない。官僚と族議員は関係団体とともに共通の利害をもち、「鉄の三角形」を形成することがしばしば見られた。そのため、この時期は政治や社会の利害を調整する調整型官僚が多かったのである。いずれにせよ、1960年代から80年代にかけて、官僚は内閣との関係では高い自律性を有する一方、族議員という与党政治家のインフォーマルなコントロールを受けていた。

1990年代に入ると、状況は大きく変わってくる。省庁の縦割り構造の持つ弊害や予算の無駄遣い・非効率の問題、そして相つぐ不祥事や天下りを巡る実態から、官僚に対する国民の視線はますます厳しくなっていく。こうしたなかで、内閣が官僚を統制し本来の意味での政治主導を確立すべきであるとの声が生まれ、様々な制度改革がおこなわれていく。1999年に成立した国会審議活性化法は、国会で官僚が政府委員として答弁する政府委員制度を廃止し、各省庁により多くの政治家を配置するため、副大臣や大臣政務官が新たに置かれた。そして、何よりも縦割り行政の弊害を正すための行政改革が推進され、2001年1月に中央省庁は従来の1府22省庁から1府12省庁へと大幅に再編された。同時に、前章で述べたとおり、内閣機能が強化され、首相を直接支える内閣官房の拡充や内閣府の新設などもおこなわれた。内閣府には、

経済財政諮問会議など国政上の重要政策を扱う会議が置かれた。
　こうした一連の改革により、内閣と官僚の関係において前者の影響力が格段に増すことになった。予算編成の主導権は財務省（旧大蔵省）から経済財政諮問会議に移り、人事面でも内閣の影響力は増大した。2014年の国家公務員法の改正により、内閣官房のなかに内閣人事局が設置され、官邸は600名とも言われる審議官級以上の幹部人事に対して大きな影響力を及ぼせるようになった。法律案の作成に関しても各省庁の官僚が主導する事例だけでなく、内閣官房や内閣府が主導する事例も見られるようになった。さらに、1990年代の政治改革によって、官僚に対する族議員のコントロールが低下した。中選挙区制から小選挙区比例代表並立制への変更を定めた選挙制度改革やその他の改革を通じて、自民党内の組織構造が集権的なものになり、党執行部の権限が強化されたことで、一般議員の影響力が低下することになった。このように、現在では官僚はかつてのような自律性を有しているとは言いがたく、日本の官僚制は新たな段階に入ったと考えるべきである（建林・曽我・待鳥、2008）。

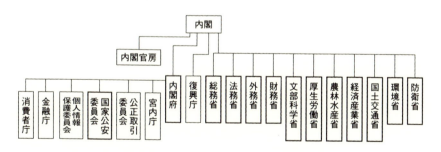

図10-1　日本の行政機構（2017年11月現在）

コラム：天下り

　長年日本では、官僚の天下りの問題が批判されている。しかし、そうした批判にもかかわらず、天下りという現象が一向になくならないのはなぜだろ

4．日本の官僚制　133

うか。それは、エリート公務員の人事制度が大きく関係しているからである。

　国家公務員Ⅰ種試験（現在は総合職試験）に合格して採用された公務員は各省庁の幹部候補であり、キャリア官僚と呼ばれる。キャリア官僚は確実に出世する。30歳になる前に係長、40歳になる前に課長になる。課長になるまでは、同じ時期に入省した者の間で差はほとんどつかず、ほぼ同時に昇進していく。しかし、そこから先は非常に厳しい競争が待っている。課長より先は局長、審議官、事務次官とつづいていくが、ポストが少なくなっていき、同期に入省した者すべてが同時に昇進することは不可能である。最終的に事務次官にまでのぼりつめることができるのは、たった一人である。課長より先のポストに進めなかった者は、省庁にとどまることができないことから、民間に再就職していく。そして、第二の職場として、長年働いた省庁と関連の深い企業、業界団体、外郭団体に「天下る」ことになる。再就職した者のなかには「渡り鳥」と呼ばれる人たちもいて、何度も職場を変えることで高額の退職金を得ていく。

　「渡り鳥」も含めて、天下りに対しては数多くの批判が存在するが、以上のようにエリート公務員の人事制度と密接に関係しているため、制度が抜本的に変更されない限りは、規制強化が進んだとしても、天下りという現象自体がなくなるということはないだろう。

■■ 5．国民と官僚 ■■

　20世紀に入り行政国家化が進行し、行政府の活動が拡大するにつれ、官僚は政策決定過程できわめて大きな影響力を発揮するようになった。こうしたなかで、大きな課題として浮上するようになったのが、いかにして強力な官僚を民主的に統制（コントロール）するかであった。

　もっとも、民主主義の国家では、国民は選挙で選んだ政治家に選挙の洗礼を浴びない官僚を統制する役割を委ねている。すなわち、政治家が行政府をコントロールするのが本筋である。しかし、肥大した現代の行政国家では、政治家のみにそのような役割を任せるのは限界があるとの声が高まった結果、

国民自らが直接行政を監視したり、コントロールしたりできるようなしくみが考案されてきた。そのようなしくみとして、情報公開制度、オンブズマン、NPM型改革などが挙げられる。

（1）情報公開制度

　民主主義国家では、行政機関が有する情報は主権者である国民の共有財産であり、行政機関の勝手な判断によって情報の公開が制限されるようなことがあってはならない。このような考えにもとづいて定められているのが、**情報公開制度**である。

　情報公開制度は、スウェーデンで18世紀後半に導入された「出版の自由に関する法律」がその起源であるとされている。この法律で、スウェーデン国王は、検閲の廃止や公文書の閲覧と印刷配布の自由を認めたが、これは改正を経ながら現在まで存続し、スウェーデンの憲法の一部をなしている（土岐・平石・外山・石見、2007）。一方、情報公開制度が広く各国に普及していったのは1960年代以降のことである。アメリカでは長い議論の末に、1966年に情報公開法が制定され、1974年の修正を受けて一般の人々が広く利用するものになっていった。同法は「国民の知る権利」という視点にもとづいたものであり、情報の公開は民主主義の理想にとって不可欠なものと考えられた。

　その他の国々でも、情報公開制度の導入は進んだが、それは民主主義の理想、すなわち国民の知る権利という視点からではなく、政府の不正や浪費に対する批判の高まりの結果であった。ともかく、21世紀の初頭までに西欧諸国だけでなく東欧やアジア、アフリカ諸国などでも、情報公開に関する法律が制定され、現在では国連やEUをはじめとする国際機関においても制度の整備に取り組んでいる。

　日本では、情報公開を巡る動きは地方レベルにおいて先行した。1982年に山形県金山町と神奈川県が条例を制定したのを機に、他の自治体にも広がっていった。一方で、国レベルでは制度の整備は遅れたが、無駄な公共事業など不透明な行政に対する批判が高まった結果、ようやく1999年に情報公開法

5．国民と官僚

が制定され2001年に施行された。また、公文書の保存・公開の体制も、2009年の公文書管理法案の成立により整備されるようになった。

（2）オンブズマン

　行政や公務員の不正や誤りに対する国民からの苦情を受けつけ、監査する役職のことを**オンブズマン**という。この制度もスウェーデンからはじまったものであり、北欧諸国やニュージーランドなどの国々、そして多くの国の地方レベルで広く導入されている。オンブズマンには、スウェーデンに代表されるような議会設置型と、行政機関自ら設置する行政設置型がある。

　日本でも、行政機関を巡る数々の不祥事を受けて、長年にわたって国レベルのオンブズマン制度の導入が検討されてきたが、未だ実現していない。その一方で、地方レベルでは1990年の川崎市を皮切りに、藤沢市、沖縄県などいくつかの地方自治体で設置された。日本に設置されている制度はすべて行政設置型であり、そのため、活動のレベルは市長や知事などの熱意によって変わり、一旦導入したものの廃止したところもあるなど定着しているとは言えないようである。行政不服審査、行政監察や行政事件訴訟がオンブズマン的な役割を果たしているという指摘もある。しかし、行政設置型のオンブズマンや類似の制度では、行政に対する苦情受けつけ体制としては限界があるものと思われる。

　なお、日本では市民が情報公開制度を利用して行政を監視しようという「市民オンブズマン」といった民間レベルの団体が生まれるなど、オンブズマンという概念は確実に普及している。無論、これらの団体は公的な組織ではなく厳密にはオンブズマンとは呼べないものだが、こうした活動が活発化しつつあることは国民の行政に対する関心の高まりを示すものである。近年、地方自治体の行政相談窓口のサーヴィスの質が向上しつつあるのは、オンブズマンという言葉が示すところの、国民の行政批判、そしてアカウンタビリティ（企業や行政が社会に対してその業務や成果について説明する責任）という概念の普及を反映したものであろう。

（3）NPM型改革

NPM（New Public Management：ニュー・パブリック・マネージメント）とは、民間企業の経営手法を取り入れることで行政の効率化をはかろうという動きで、1970年代末にイギリスで採用された改革手法である。当時のイギリスは、「イギリス病」と揶揄されるほど経済・社会の停滞に苦しんでいたが、そのイギリスで経済を立て直し、社会を活性化させる方策として編み出されたのである。イギリスで一定の成果をあげたことで、その後、NPM型改革は多くの先進諸国でも取り入れられるようになり、日本でも様々な試みがおこなわれている。

NPM型改革の原則は、①顧客主義、②成果主義、③競争原理、以上の3点に集約される（堀江編、2014）。行政サーヴィスの対象である国民（住民）を「顧客」ととらえ、どれだけの成果をあげたかを、数値目標の達成度で判断し、組織間の競争を促進する。これらによって、行政サーヴィスの品質や効率性を向上させるという思想である。すなわち、民間の手法と「国民の目線」の導入によって行政を改革することをめざしている。NPM型改革の具体的な手法としては、市場化テスト、エージェンシー化、PFI（Private Finance Initiative：プライベート・ファイナンス・イニシアティヴ）などがある。

市場化テストとは、それまで行政が担ってきた事業を民間に開放するか否かを、官民がともに参加する競争入札で決めるというものである。「官」が落札できなければ、その事業は民間に奪われることになる。一般の公共事業の競争入札とは異なり、国や地方自治体の担当部局も入札に参加するため、経費削減だけでなく業務内容全般の見直しにもつながる効果もあるとされる。

エージェンシー化とは、政策の実施部門のみを独立させた機関である。政策の企画立案をする部門とは別の組織で、決められた業務を責任を持って実施することが求められる。完全な民営化にはなじまない業務でエージェンシー化が進められ、イギリスでは刑務所庁、高速道路庁、特許庁、国立統計庁など100を超えるエージェンシーが設置されている。日本でも、エージェンシーの発想は独立行政法人の設立というかたちで具体化されている。

5. 国民と官僚

PFIは、民間企業がイニシアティヴをとって公共施設などの設計、資金調達、建設、運営を担当する制度である。単なる民間委託ではなく、民間企業がリスクを背負うという点が特徴であり、それゆえに効率化やサーヴィスの向上が期待できると言われている。

　日本でも1990年代からNPM型の改革が取り入れられている。1999年にはPFI推進法が施行され、その後、PFI方式の公立小学校などが登場した。エージェンシーの発想に立った独立行政法人も続々と誕生している。市場化テストもはじまり、職業訓練や就職支援などが民間委託されたり、民間が参加した刑務所が完成したりしている。ただし、改革の成果は限定的であるとの声もあり、独立行政法人化されたのは、大学、美術館、博物館、研究所などで、実施機能の切り離しというエージェンシー本来の発想からは説明しにくい機関が独立行政法人化しているといった指摘もある（久米・川出・古城・田中・真渕、2011）。

　NPM型改革は多くの国々で取り入れられるようになったが、近年では様々な問題点が指摘されていることも事実である。たとえば、行政における効率性をあまりにも重視したことで公平性や安全性といった価値が軽視されており、過度の競争主義や業績主義によって人材の確保や育成が阻害されているなどといった問題点が指摘されている。こうした批判を受けて、NPMの母国イギリスでは、ブレア労働党政権以降、NPM型改革の見直しがおこなわれるようになり、官と民が効果的に協力する体制が模索されるようになってきている（伊藤・出雲・手塚、2016）。

（宮田　智之）

マスメディア

[支持率急落！] 「内閣支持率急落。内閣不支持が支持を上回る」、新聞のトップを飾る見出しだ。新聞社の系列のテレビニュースでも、世論調査での支持率急落の話題を大きく取り上げている。大臣の失言があったところに、首相がそれを擁護するような発言をしたことから、急速に首相への反感が広がっているのだそうだ。一部のメディアは、はやくも「首相交代か」などと騒いでいる。

ネットのニュースを見ると、いつも強気な官房長官も、ちょっと困ったような顔をしている。「すぐに選挙があるわけじゃないのだから、内閣支持率が落ちて、メディアが騒いでいたって全然困らないんじゃないの？」川井くんがそう言うと、法学部のゼミ仲間で昔の政治の話に詳しい伊藤くんが、「メディアが騒いだら支持率がもっと落ちて、辞任に追い込まれた首相もいるんだよ。支持率30％を下回ると、もう長くはないって言われているらしい」と教えてくれた。

メディアは政治に大きな影響を与えるのだろうか。マスメディアと政治のかかわりを考えてみよう。

■ 1．マスメディアと政治 ■

　現代の世界では、一般の人々も政治や国際情勢について多くの情報を手に入れることができるが、それはメディアが発達しているからである。メディアがなければ、わたしたちが知ることができる情報はごくわずかで、しかも不確実である。多くの人々に大量の情報を伝えるマスメディアは、世論の形成にかかわるだけでなく、その他の面でも政治に大きな影響を与えてきた。そのため、立法、行政、司法につぐ、「第四の権力」と呼ばれることもあるほどなのである。

（1）マスメディアの発達

　マスメディアの発達は技術の発達と不可分である。まず、印刷技術が新しい知識や思想を多くの人々に伝えることを可能にした。さらに17世紀頃からは、簡単な印刷物が市井のニュースやゴシップを伝えるようになり、これが速報性を持った新聞のもとになった。イギリスでは、18世紀が政治ジャーナリズムの勃興期で、雑誌や新聞、書物やパンフレットが政治に関する情報や政府批判を扱うようになった。政府は、反政府的な出版物を取り締まる一方で、御用新聞を利用した世論対策に追われることになった。識字率の上昇や印刷機の改良は、ジャーナリズムの発展を後押しした。アメリカ独立革命やフランス革命でも、ジャーナリズムが大きな役割を果たしたのであった。

　アメリカでは、1830年代になると、それまでとは比べ物にならないほど安い新聞が出現した。広告を掲載して収入を得ることで安さを実現した新聞は、新しい読者を大量に獲得することに成功し、その影響力を増していった。このようなスタイルは他国にも波及し、19世紀末には、大衆に多彩な情報を伝えるマスメディアとしての新聞が出現することになったのである。

　20世紀には、新聞以外のマスメディアも発達をはじめた。映画は映像の力で、1920年代に商業放送を開始したラジオは音声の力と同時性で、大衆をひきつけた。さらに、1950年代に大発展したテレビは、映像と音声の力と同時性を兼ね備えた画期的メディアであった。テレビ番組は、民間放送ではコマーシャルを放映することで無料で提供されたし、家でスイッチを入れるだけで見ることができる。中継技術が発達すると、人々は、世界のどこかで「今起きていること」を自宅で目撃することもできるようになった。テレビは、登場から半世紀にして、最も影響力があるメディアにのぼりつめたのであった。

　そして、20世紀末のインターネットの登場や、その後のめざましい情報機器の発達は、メディアの様相を再び大きく変えつつある。新旧、真偽をとりまぜて、あらゆる情報があらゆる方向に飛び交う事態の出現である。新しい情報提供者が出現する一方、新聞やテレビなどの従来のマスメディアの発信

140　　第11章　マスメディア

スタイルも変わってきている。一般の人々が情報の発信源となった結果、大企業と化したマスメディアを経由したものとは異なる、生き生きとした情報が流通するようになったが、匿名の、真偽のほどが明らかでない情報が一気に拡散するといった、これまでにはなかった危険も生じたのである。

（2）マスメディアの役割

　マスメディアの政治的役割は、単に政治的事実を報道することだけではない。メディアの役割はきわめて広範であるが、民主主義の社会において、一般に主要な役割とされていることを、挙げていこう。

　①人々が直接知ることができない事実を報道し、解説すること。

　②権力を監視し、批判すること（政治家や官僚の行動や政策を監視し、批判するべき時は批判する）。

　報道の自由・表現の自由は、民主主義が保障する自由の一つとされており、「国民の知る権利」に応じるものである。マスメディアは、報道の自由の担い手として、一般の人々が接することができない情報にも近づくことができるので、①や②の役割を果たすことができるのである。

　③政治的な議題を設定すること。

　マスメディアの報道のしかたで、人々は問題の重要性を判断するので、ある問題を大きく、繰り返し報道することで、政治の争点を設定する。

　④多様な見解や意見を紹介するとともに、その対話場所を提供すること。

　取材や調査によって、一般の人々が知らないような見解や意見を見出して紹介し、世のなかに議論を巻きおこし、世論を形成するのである。

　このような役割を果たしているからこそ、マスメディアは、「第四の権力」と呼ばれるのである。

（3）マスメディアの影響力

　20世紀の前半、新聞だけでなく、ラジオ、映画といった新しいメディアが急速に発展しはじめると、マスメディアの政治的影響力に関する研究が本格

1．マスメディアと政治

的におこなわれるようになった。

　当初は、マスメディアの報道は、即効薬のように人々の考えや行動に影響を与えるという**強力効果論**が唱えられた。人々は、報道を無批判に受け入れると思われていたのである。ただし、これは調査による裏づけのない説であった。そこで、1940年のアメリカ大統領選挙にあたって、オハイオ州エリー郡でいわゆる**エリー調査**が実施され、強力効果論に否定的な結果が出ると、人気を失ってしまった。調査では、新聞やラジオなどの影響を受けて投票態度を変える者は多くはないということが明らかにされたのである。

　調査をおこなったポール・**ラザースフェルド**らが注目したのは、**オピニオンリーダー**という存在であった。オピニオンリーダーとは、政治的関心が深く、他の人々より多くの情報を得ていると目されている人のことである。ラザースフェルドは、一般の人々は、メディアからではなく、身近にいるオピニオンリーダーを介して情報を手に入れた時、大きな影響を受けると主張した（「コミュニケーションの二段階の流れ」説）。その後しばらくの間は、マスメディアの影響力は限定的なものであるという**限定効果論**が主流であった。人々は、メディアのなすがままにされるのではないと考えられたのである。

　ところが、1960年代になると、**新効果論**（中効果論）が登場する。これに大きくかかわっていたのが、テレビであった。テレビは、視覚にうったえ、また同時性が高いことから、視聴者に「今見ていることは真実である」と思わせる力が強い。また、テレビ番組は、家庭に直接、長時間、時には繰り返し流れ込んでくる。ニュースキャスターなどテレビでいつも見る顔は、オピニオンリーダーの役割を果たすから、テレビが人々に与える影響は、それまでに存在したメディアより格段に大きいものであったのである。

（4）新効果論

　新効果論についてさらに見ていこう。新効果論の特色は、マスメディアの認知レベルへの影響力に注目する点である。メディアが、政治の何を、どのように伝えるかによって、現在何が重要な問題なのかを人々が判断すること

を、**議題設定機能**と呼ぶ。新聞の一面で大きく扱ったり、テレビのニュースで時間をかけて扱ったりすることによって、メディアはその話題が現在の重要な政治課題なのだと、暗黙のうちに読者や視聴者に伝える。言いかえると、人々は知らず知らずのうちに、それが重要だと考えるようになるのである。

　マスメディアが、人々の理解の枠組みや価値判断に影響を与えることも知られている。**フレーミング効果**は、マスメディアがどのような枠組み（視点）で報道するかによって、受け手の意見や態度に変化が生じることである。リゾート開発計画が発表された時、それを地元経済の活性化という視点で取り上げるか、自然破壊という視点で取り上げるか、によって、人々の受け取り方に違いが生じるといったことである。

　また、**プライミング効果**は、メディアの扱い方が、何が重要なのかを人々が判断する際の基準の形成に影響を及ぼし、それがさらに、政治指導者や政権の評価にも結びつくことである。たとえば、移民労働者の犯罪を大きく報道することで、移民規制を主張する政治家への支持が増す、などである。

　1970年代にドイツのノエル＝ノイマンが唱えた、「**沈黙の螺旋**」説は、現在でも傾聴に値する。人間は、自分の意見が大多数の人とは違うと感じた時、孤立を恐れて多数意見に同調するか、発言を控えて沈黙する。こうなると、多数意見は実際以上に増幅され、少数意見は消え去ってしまう。日常生活では、自分だけ違う意見を述べにくいという事態はしばしば生じるが、マスメディアの報道によって、そのような事態が社会的に出現するのである。

　マスメディアの長期的な影響力に注目したのが、**涵養効果**説である。これは、長期間にわたるメディアとの接触で、人々が一定の価値観やものの見方を身につけるようになることである。涵養効果は、ニュースだけでなく、テレビドラマなどによっても発揮される。ドラマによって、政治家について一定のイメージが形成されると、人々の政治観が変わる可能性もある。

　1980年代には、第三者効果や敵対的メディア認知といった仮説も登場した。**第三者効果**とは、人はメディアが自分自身に及ぼす影響よりも他者に及ぼす影響のほうが大きいと考え、その結果何らかの行動をおこす、という説であ

1. マスメディアと政治　143

る。この効果が政治家に働くとすると、政治家がメディアの動向に応じて自分の立ち位置を微妙に変える場合がある理由を説明できる。政治家は、自身がメディアの影響で意見を変えるわけではないが、一般の人々はメディアの影響を受けがちであると考え、結果的にはメディアの影響を受けることになる。**敵対的メディア認知**は、党派性が強い人ほどメディアの報道が自分とは反対方向に偏向しているとみなす傾向がある、という説である。これらは、政治家がメディア規制に傾きがちであるわけを説明する仮説でもある。

　マスメディアの影響力に関する説は数々ある。いずれも仮説であって、すべての事象を説明することができるわけではないが、メディアと政治について考える手がかりになるはずである。

（5）マスメディアと選挙

　マスメディアと選挙での有権者の投票行動との関係で、しばしば指摘されるのは、**アナウンスメント効果**である。これは、メディアが、選挙の前に候補者の当選可能性や政党の人気について世論調査の結果を発表したり、選挙結果の予測をしたりすることで、投票行動に変化が生じることである。

　アナウンスメント効果は一様ではない。候補者の人気についての報道では、当選の可能性が低いとされた候補者に投票するのをやめたり（見放し効果）、逆に同情票が集まったり（判官びいき効果）、当選確実とされた候補者の支持者が安心して投票に行くのをやめてしまったり（離脱効果）、人気が高いとされた候補者にさらに有権者の支持が集まったり（バンドワゴン効果、パレードの楽隊車のこと、転じて優勢な側）といった現象があるとされる。

　これらはいずれも、有権者の心理を考えると説明可能である。つまり、有権者は自分の一票をできるだけ有効に使いたいが、投票にはできるだけコストをかけたくない。落選確実な候補者に投票して自分の票を無駄にはしたくない。逆に、自分の一票で当選するかもしれないのならば投票する。自分が投票しなくても大丈夫ならば、遊びに行ってしまうが、皆で当選の喜びを分かちあいたかったら投票する。こういったことである。

第11章　マスメディア

選挙全体の結果の予測報道が、有権者の投票行動に一定の影響を及ぼすこともあるとされる。日本では、55年体制と呼ばれる自由民主党の一党優位体制の時代に、しばしばおこったとされる。「自民党大勝の形勢」という報道であったのに、結果的には野党が健闘したとか、反対に、「与野党逆転の形勢」のはずが、与党自民党の勝利に終わった、などである。蒲島郁夫は、この現象を「**バッファープレイヤー**（牽制的投票者）」という概念で説明した。「自民党政権を望むが、与野党の勢力差は小さいほうがよい」と考え、予測報道に接してその投票態度を変える有権者がバッファープレイヤーである。「自民党大勝の形勢」ならば、大勝をさせないように、「与野党逆転の形勢」ならば、自民党が勝利するように動くというのである。

　2015年のイギリス総選挙では、投票日前に、「今回もハングパーラメントになる」と予測報道がなされた。ハングパーラメントとは、議会で明瞭な多数派が形成されず、どの政党が政権を担当するかわからない状態である。2010年の総選挙で出現し、その結果、イギリスでは第二次世界大戦後初となる連立政権が成立した。2015年の総選挙では、予測とは異なりハングパーラメントは出現せず、保守党が過半数を制して単独で政権を担当することになった。連立政権に失望した有権者が保守党支持に動いたのだとされている。

　一方、アナウンスメント効果が発生せず、予測報道どおりの結果になる場合も少なくない。こう見てくると、アナウンスメント効果は、マスメディアの一方的な影響力を示すというよりも、有権者が意識して、あるいは無意識のうちに、かなり賢くメディアを利用して、自分の判断の助けにしていることを示すものであるかもしれない。

■ 2．マスメディアと政治家 ■

　多くの政治家は、マスメディアが政治に与える影響は非常に大きいと考えているようである。マスメディアは、公共の利益や国民の知る権利に貢献しているという理由で、特権的な立場を享受している上に、ほかの三権のよう

に相互を抑制するしくみを持たない。このような「第四の権力」マスメディアと、政治家はどのようにつき合おうとしているのだろうか。

（1）メディア規制

政府の仕事や政治家や官僚の行動を監視し、報道することをその役割とするメディアは、監視され、報道される側にとっては厄介な存在である。メディアは、政府や政治家が国民に知らせたくないことを明るみに出してしまうからである。ジャーナリストの多くは、人々に真実を伝え社会に警鐘を鳴らすことがメディアの使命であると信じているから、報道姿勢は批判的になることが多い。また、たいていのマスメディアは巨大な企業であり、収益を確保するためには多くの視聴者や読者を獲得しておかなくてはならないから、報道はセンセーショナルになりやすい。第三者効果や敵対的メディア認知という要素もあるので、権力を握っている政府や政治家には、常にマスメディアを統制したいという欲求があると考えてよいだろう。

報道の自由を否定するような露骨な検閲や取り締まりは、現代の民主主義国家では許されないが、規制・統制の試みはかたちを変えてなされている。たとえば、ヴェトナム戦争の自由な報道が全国的な反戦運動につながったという苦い経験から、アメリカ政府は、イラク戦争時には従軍取材をサポートしつつ活動範囲を限定して、結果的に報道を統制したことが知られている。

日本では、2007年に関西テレビが制作したバラエティ番組での捏造事件をきっかけに、放送法の改正などによって行政による規制を強化しようという動きが生じた。これは、捏造は論外としても、過剰な演出があたりまえというテレビ界への警鐘となるものであったが、運用のしかたによっては、番組内容への権力の介入を許すものになる。テレビなどの放送メディアは、電波周波数配分の必要性や人々への影響力の大きさゆえに、政府から免許を受けた者のみが参入できるしくみになっている。それだけに、新聞や雑誌などの他のメディアと比べて、政府や政治家の干渉を受けやすいという面があるのである。

民主主義において尊重すべきものとされる報道の自由であるが、近年では、テロや犯罪の防止のために、制限を設け、ジャーナリストの活動を制約しようという動きもある。また、一般の人々からの自由な発信が可能なインターネットやソーシャルメディアを通じた情報の拡散は、**メディア規制**に新しい局面をもたらしている。政府批判につながりかねない情報に神経をとがらせ、それをネット上から削除する国がある。また、一般的なメディア規制には抑制的な国であっても、ネット経由の偽情報（**フェイクニュース**）や犯罪につながりかねない情報の拡散に直面し、対策を講じるようになってきている。たとえば、ドイツは、2017年に、違法な偽情報の掲載を放置したソーシャルネットワークの運営会社に多額の罰金を科す法律を成立させている。

（2）マスメディアを利用する政治家

　マスメディアと対決する一方で、政治家はメディア利用も考える。新しいメディアが発達し、情報の新しい受け手が生まれると、政治家は、メディアを通じてその新しい受け手と接触し、その支持を取りつけようとするのである。アメリカのフランクリン・D・ローズヴェルト大統領は、1930年代に新しいメディアであったラジオを利用した。有名な「炉辺談話」では、家族との会話を模して、全国民にラジオを通じて語りかけた。ドイツでヒットラーが、映画をはじめとするマスメディアを利用して全体主義を広めていったのは同時代のことである。

　アメリカの大統領選挙は、政治家がマスメディアの影響力を最大限に利用する機会である。ジョン・F・ケネディが、1960年の大統領選挙で周到に準備をしてテレビ討論に臨み、視聴者に好印象を与えて形勢を逆転したことはよく知られている。これ以来、それまで主力であったマスメディアの限定効果論が疑われるようになったほどである。これを契機として、大統領候補はイメージ戦略を積極的におこなうようになり、テレビを使ったキャンペーン、さらには対立候補を貶める**ネガティヴ・キャンペーン**に精力を傾けるようにもなった。その後、テレビの多チャンネル化が進行すると、ターゲットを絞

2．マスメディアと政治家　　147

り込んだイメージ戦略もとられた。ビル・クリントンは、1992年の大統領選挙で、若者向きの番組に出演し、自ら楽器を演奏して若い有権者の獲得に努めたのであった。

　イギリスでも、1997年の総選挙で、アメリカ式の選挙戦略が採用されたことは有名である。労働党のトニー・ブレア党首は、政治家の発言やパフォーマンスのアドヴァイザーである**スピンドクター**を起用し、緻密な戦略にもとづいて、若く新鮮というイメージをメディアを通じて有権者に売り込み、労働党の大勝を勝ち取ったのである。また、2010年の総選挙では、イギリス総選挙史上初の党首によるテレビ討論で、第三党であった自由民主党のクレッグ党首が人気を博し、それが保守─自由民主の連立政権成立につながった。

　日本でも、21世紀に登場した小泉純一郎首相や安倍晋三首相は、メディア戦略を担当するブレーンをかかえ、メディアの利用をはかっている。

　インターネットの発達は、政治家とメディアの関係に新しい側面を付加するものであった。インターネットという新しいメディアは、既存のメディアを介さないかたちでの発信や、政治家と有権者の交流を可能にしたからである。アメリカの大統領選挙では、ネットを利用した選挙運動や献金の募集もおこなわれている。2008年の大統領選挙で勝利したバラク・オバマは、インターネット経由の小口献金で選挙資金を集めることに成功した。インターネットを通じた呼びかけが若者の間での支持の拡大につながったとされる。

　さらに、2016年のアメリカ大統領選挙は、2000年代半ば以降のソーシャルメディアの発達や、スマートフォンの普及によって、まったく新しい様相を示すことになった。大統領候補ドナルド・トランプは、自らツイッターで発信し、自分に批判的なテレビや新聞などの既存メディアを激しく攻撃した。トランプは、敵とみなしたメディアの情報をフェイクニュースと呼び、自分の言葉こそが真実であると主張し、大統領選挙開始前の予想を覆して大統領の座についたのである。

148　　第11章　マスメディア

コラム：劇場政治とメディア

　日本では、小泉純一郎首相の時代に、「劇場政治」という言葉が盛んに使われた。改革を主張して人気を博した首相は、改革反対派を「抵抗勢力」と名づけ、勧善懲悪のドラマ仕立てで国民にアピールし、国民は首相に拍手喝采を送った。2005年のいわゆる郵政選挙では、小泉首相が率いる自由民主党は、久々の大勝を勝ちえた。首相が巧みに利用し、応援団としたのは、視聴者受けするコンテンツを求めるマスメディア、とりわけテレビであった。

　アメリカのトランプ大統領の劇場政治は、少し様相を異にしている。大富豪にしてテレビ番組の司会者として人気を博していたトランプ候補は、2016年の大統領選挙を自らのショーとして演じ、大統領の座をつかんだ。トランプも、小泉首相と同様に敵と味方を峻別し、敵とみなした勢力を攻撃する。小泉が既存メディアを応援団にしたのと対照的に、トランプは、既存のマスメディアの多くを敵として激しく攻撃した。マスメディアは既成の政治家や政党、財界と一緒になって、既得権益を守ろうとしている、それを打破するのが自分トランプであり、トランプ批判を繰り返すメディアが流すニュースは、フェイクニュースだ、というのである。トランプが既存のマスメディアを攻撃できたのは、自らの主張をツイッターや支持派のネットニュースで発信できたからである。郵政選挙から10年余りの間の変化であった。

■■ 3. 日本のマスメディア ■■

　ここからは、日本のマスメディアの政治報道の特色を述べ、その後に、日本におけるメディアと政治の関係の変化に言及することにする。

（1）日本のマスメディアと政治

　日本のマスメディアによる政治報道には、いくつかの特色があるとされてきた。まず、権力闘争にかかわる細かい動きの報道に傾きがちであることである。政策を報じ、論じるのではなく、政権や政党内、あるいは政党同士の駆け引きの報道に終始するのである。また、メディア各社が同じようなこと

3．日本のマスメディア　149

を報道する横並び報道も特色とされた。

　このような特色をかたち作ってきた要因とされるのが、**記者クラブ**制度と番記者制である。記者クラブは、国会、政党、首相官邸、各省庁、都道府県庁など様々な公的機関に置かれている、いわば公認の取材組織である。主要な新聞や通信社、テレビ局などがそのメンバーで、その機関についての取材をほぼ独占的におこなってきた。記者会見も記者クラブ主催であり、メンバー以外のジャーナリストは出席を拒まれることもある。また、番記者とは、有力政治家に密着して動静をチェックし、情報を集めるのを役目としている記者である。政治の細かい動きを追い、時には特ダネを拾うこともできる。これらは、いずれも記者をインサイダー化するしかけである。記者クラブに属する記者は知らず知らずのうちに担当する組織と価値観を共有するようになるし、番記者は担当の政治家の立場を理解するようになる。結果として、報道が公的機関のシナリオに沿った同じようなものになったり、政治家の権力闘争のレポートになったりするのである。

　記者クラブについては、かねてからその閉鎖性に対して外国メディアからの批判が存在した。2009年に成立した民主党政権は、当初記者会見のオープン化を打ち出したが、その後も、状況は大きく変化をしていない。

　また、2012年の自由民主党の政権復帰以降、指摘されることがあるのが、日本における「報道の自由」の後退である。政治家による、報道の内容を牽制するかのような発言や、政権を支持するネット世論の批判などにさらされるメディアは、委縮し、批判されないように自己規制してしまっているというのである。一方で、政権の応援団と化しているかのようなメディアも存在する。報道の自由の後退に警鐘を鳴らす人々がいる一方で、日本の世論は常にメディアに同情的であるとは言えない。メディアスクラム（集団的過熱取材）による報道被害や、一面的な報道、硬直化した論調、娯楽化したニュース番組などにより、メディアへの不信感を抱くようになっている者は少なくないのである。

（2）世論と政治

　1980年代以降、日本のメディアと政治との関係は大きく変わった。それまで政治報道の中心であったのは新聞であったが、1980年代におこった政治報道のソフトニュース化で、その主役の座をテレビに譲った感があった。

　1985年にテレビ朝日ではじまった「ニュースステーション」は、政治や経済などの硬いテーマを扱いつつ、軽妙な司会と遊び心がある演出も相まって人気を博した。ニュースショーで視聴率が稼げることがわかると、他局も同様のニュースショーを制作するようになった。さらに、政治家や政治評論家や大学教授が芸能人とならんで生出演し、議論を闘わせるというショーアップされた討論番組も出現し、政治が人気のあるコンテンツとして扱われるようになった。政治と人々（少なくとも政治家と人々）の距離は縮まったと言える。

　1990年代になると、テレビが政治の動きを左右するという事態も生じた。1993年に宮澤喜一首相が、1998年には橋本龍太郎首相が、出演したテレビでの不用意な発言をきっかけにして権力の座から滑り落ちた。一方、1993年に久しぶりに非自民党の政権を成立させた細川護熙首相は、テレビ映りのよい外見で、新時代を印象づけることに成功した。さらに、2001年に首相に就任した小泉純一郎も、他の政治家とは一味違う風貌や、気の利いた印象的な「ワンフレーズ」でテレビを代表とするマスメディアをひきつけた。その結果、高い内閣支持率と5年間にわたる政権維持が可能になったのである。

　この時代に使われたのが、世論調査型民主主義という言葉である。支持率が内閣の命運を左右し、世論の動向が政治の行方に影響を与えるという意味である。小泉首相が、従来の自民党の路線と一線を画す姿勢を示し、党内基盤が強力とは言いがたかったにもかかわらず、5年間政権を維持できたのは、世論調査で示される内閣支持率を高く保つことに成功したからであった。メディアを通じて形成される首相への親しみ、実行力があるといったイメージは、首相の支持率を支える要素である。一方、2001年の森首相や2007年の安倍首相（第一次政権）は、支持率の急降下に悩み、政権を失っている。

　世論形成においてマスメディアが大きな役割を果たすのは確実なので、政

3．日本のマスメディア　　151

治家は多彩なメディア戦略を立て、メディアへの露出をはかったり、メディアを牽制しようとしたりする。メディアは便乗して視聴率や売り上げを上げようとする、あるいはそれに対抗しようとする、また時には、世論を動かして政治を動かそうとする。このような政治とメディアの対抗と依存の複雑な関係は、今後もつづいていくことになる。

■■ 4．ネット時代のメディアと政治 ■■

　インターネットは、政治とメディアの関係を大きく変えてきた。政府、各官庁や議会、政党はホームページを開き、直接に国民・有権者に向けて情報発信をするようになった。議会の審議はネットで中継されるし、ライブで見ることができない人もネット上のアーカイヴで見ることができる。審議の様子にとどまらず、一般の人々がネットを通じて接することができる政治に関する情報の量は、飛躍的に増加した。公的機関からの情報だけでなく、政治家個人からの発信もある。ソーシャルメディアを通じた政治家からの発信は、実際は何万、何十万に向けられたものであっても、まるで自分に向かってなされたように、ポケットのなかのスマートフォンに収まる。これらはすべて、新聞、テレビ、ラジオといった従来のマスメディアを介さないで、直接人々に届けられているのである。

　誰からでも情報を発信できるインターネットの発達により、政治家の行動パターンや情報発信のしかたも変化せざるをえない。インターネットは政治家が生の声を有権者に伝え、同時に多くの有権者の反応を知ることをも可能にした。しかし一方で、秘密の情報でも噂話でもあるいは嘘でも、世界を駆け巡らせてしまうことになった。さらに、2000年代の半ばからは、双方向性、即時性が一段と高まったソーシャルメディアが急速に広まり、スマートフォンなどの端末も急速に進化したため、誰でも、いつでも、どこからでも、発信し、反応することができるようになった。情報を手にした一般の人々がそれを他の人々に広めることも、それまで以上に容易になっている。

152　　第11章　マスメディア

インターネットやソーシャルメディアといった人々をつないで広がる「水平型メディア」の発達は、有権者に新しい政治参加の可能性を与えた。ネット上では、普通の人々が、直接の知り合いでない人々と討論し、一つの世論を形成していくことも可能だし、意見を政治の場に向かって発信していくことも可能である。2011年のチュニジアでの革命は、ソーシャルメディアが大きな動きを引きおこしたことで注目され、ネットが民主主義のプラットフォームを形成するとの期待が高まった。しかし、2010年代の後半、語られるようになっているのは、ネット上で拡散した偽情報（フェイクニュース）が世論を動かす事態への懸念である。2016年のアメリカ大統領選挙や2017年のフランス大統領選挙では、多くの偽情報が駆け巡ったことが知られている。ネットで偽情報を発信する者の意図は、政治家を貶める悪意があるものから、面白半分、ヒット数で稼げる広告収入狙いまで、様々である。さらに、それを拡散させる側も、心から信じ込んでいる場合もあれば、面白半分の場合もある。いずれにせよ、捏造された情報が広まり、それを信じる人々が存在し、それが、選挙の結果や政治の行方に影響を与える可能性があるのである。

　フェイクニュースが人々をとらえる背景には、一般の人々のマスメディア不信があるとされている。これまで、人々に「何を伝え、何を伝えないかを決める情報の番人（ゲートキーパー）」として、大きな力をふるってきた既存のメディアであるが、メディアが、「伝えるべきことを伝えていない」という不満を感じている人々は少なくないのである。巨大企業と化したメディアが政治家やスポンサー企業と結託し、彼らにとって不都合な真実を隠していると信じる人々もいる。一方、自ら発信の手段を手にした政治家のなかには、自分に批判的なメディアを攻撃し、そのニュースをフェイクニュースであると決めつけ、自らの発言こそ真実であると主張する者もいる。ネットでの情報は、自分の好みの情報のみを入手する選択的接触によって得られるので、その政治家を支持する有権者は、政治家に批判的な言説や、嘘を検証する情報に触れることはない。さらに、グーグルなどの検索エンジンでは、利用者の「好み」であると判定された情報が集められるので、人々はそれと気づか

4.　ネット時代のメディアと政治　153

ずに、好みの情報のみに触れている可能性もある。そのため、政治家の発言がほんとうは嘘であったとしても、嘘のほうを信じて、それをさらに他の人々に広めるのである。また、ソーシャルメディアでは、参加者同士の結びつきが推奨されるので、同じような考えや感覚を持つ人々の閉じられたサークルが形成されていることが多い。人々は、自分自身の「島宇宙」のなかで、信じたいことを信じるのである。フェイクニュースを信じる者にとっては、それが、真実であるか否かはもはや問題ではないとの指摘もある。

　ゲートキーパーをバイパスした情報は、これまでになく豊富で新鮮である。とはいえ、ゲートキーパーが選別していない玉石混交の情報の価値を判断しなくてはいけないのは、情報の受け手である一般の人々である。知識や経験に限りがある一般の人々にとって、それは容易なことではない。偽情報、フェイクニュースが横行するなか、政治家の発言や報道の内容が真実であるかどうかを調べ、その結果を伝える「ファクトチェック」が試みられるようになっている。従来型のマスメディアは、ネット社会化によって情報の送り手としての存在感を減じたかもしれないが、ファクトチェックの担い手や、人々の判断を助ける解説者としての意義は、かえって増していると言うことができるかもしれない。

　ネット上の情報は、基本的には自分から取りに行かなければ入手できない、利用者主導型（オンデマンド型）である。多くの人々が、新聞やテレビで同じような情報を手に入れていた時代とは異なり、一人一人が個別に自分に興味がある情報のみをため込んでいる可能性もある。ネット社会では、誰に何をどのように伝えるのかをコントロールすることや、何がどのように伝わっているのかを把握することがきわめて難しいのである。

　情報通信技術や人工知能の発達はこれからもつづく。これから、ネットと政治との関係はどのように変化していくのだろうか。

（甲斐　祥子）

12 地方自治

[市議会議員] 大山くんの家は、市のはずれにある。大手不動産会社が開発した新しい住宅地で、住民は少なくないのだが、市の施設は一切なく、行政サーヴィスの手からこぼれ落ちている感がある。そこで、町内会の大学生を中心にした有志が立ち上がった。「図書館を町に」がスローガンだ。町内会の集会所で会合を開いたところ、見慣れない中年の男性があらわれた。市議会議員だというその男性は、皆の意見をじっくり聞いて、「この地域の問題がわかりました。すぐに実現できるかどうかはわかりませんが、働きかけてみます」と言って帰っていった。「市議会なんて何のためにあるのかわからない」と、先月の市議会議員選挙で棄権してしまった大山くんは、「市議会の意義をちゃんと勉強して投票すればよかった」と反省しきりである。

政治は中央にあるだけではない。私たちの生活に深くかかわっている地方政治、地方自治について学んでいこう。

■ 1. 地方自治とは ■

政治は国だけに存在するのではなく、様々なところに存在しているとは、第1章で「政治とは何か」を考えた際に述べたところである。様々なところに存在する政治のうち、私たちの日常の生活に深くかかわっているのが地方政治、地方自治である。

(1) 地方自治とは

現代の国家は、たいていは多くの**地方自治体**（日本では、正式には**地方公共団体**）に分けられている。国により呼称は違うが、日本では、都道府県や市町

村と呼ばれている。そのそれぞれに地方政府や地方議会が置かれ、国家とは別のレベルで、地域住民の意思を取り入れつつ、一定の範囲で政治や行政をおこなっている。これが**地方自治**であり、そこでは、地域に密着した課題の解決がはかられる。

　一定の範囲の政治や行政の「一定」がどの程度か、中央政府と地方政府の関係がどうであるかは国によって異なっている。たとえば、アメリカ合衆国は、植民地時代にはそれぞれ独立した存在であった州 state が集まって成立したという歴史がある連邦制国家であるので、州（地方）の権限が大きい。中央の連邦政府の権限は、州の権限の一部が移譲されたもので、対外的に国家として統一した姿勢を示す必要がある外交や安全保障、通貨政策などの分野に限られているのである。一方、日本も含む単一制国家では、通常、中央政府から、地方政府に権限が付与されるという形式になっている。地方政府は、中央政府が制定した法律の範囲内で、自己決定・自己統治をおこなうのであり、その権限は限定的であるといえよう。ただし、それは地方自治体が果たす役割が小さいという意味ではないことには留意せねばならない。

　中央—地方関係は、大陸型（ヨーロッパ大陸型）と英米型（アングロ・サクソン型）に分類されることが多い。大陸型は、フランスが典型とされ、中央集権的な「統合型」、英米型は、イギリス（イングランド）が典型とされ、地方分権的な「分離型」とみなされる。

　大陸型では、中央政府の権限が大きく、地方政府は中央政府の統制を受ける従属的存在とされる。その反面、地方政府は、**概括授権方式**により幅広い事務を処理する権限を認められている。中央と地方の権限が重複、融合しているのが特色である。**英米型**では、国と地方の役割が明確に分けられており、地方政府の自律性は比較的高い。ただし、地方政府は、**制限列挙方式**により、法的に明示された範囲内では大きな権限を有する一方で、国の権限とされる部分への関与は厳しく制限される。ちなみに、日本の中央—地方関係は、戦前は大陸型であり、戦後はそれに英米型の要素がつけ加わったと考えてよい。

　さて、地方自治はなぜ必要とされるのだろうか。理由としてまず挙げられ

るのは、中央と地方に権力を分立させることによって、権力の集中と濫用を防止し、国民の自由を保障することである。もう1点は、地方レベルでの政治参加が、人々が民主主義を学ぶ場となり、民主主義の強化につながることである。住民が地域の問題を自らの問題として考える場として、まさに「地方自治は民主主義の最良の学校」(J.ブライス、松山訳、2000) なのである。さらに、現実的な理由もある。地方にはそれぞれの地域固有の問題があり、また、人々の身のまわりには、生活に密着した多種多様な問題が存在している。こういった問題の解決にあたっては、地域の事情に通じた地方政府が、中央からの指令を待たずに独自の判断で動くことができるほうが効率的であり、また住民の利益にもつながると考えられるのである。

　地方自治には、団体自治と住民自治の二つの概念がある。**団体自治**は、地方自治体が団体として自治権を有し、自立性・自主性を持って地域の統治にあたるという考え方で、中世ドイツの自治都市に起源がある。一方、**住民自治**は、地方自治体の運営を住民の意思によっておこなうことで、住民が地域運営の主体であるという考え方であり、英米型の概念とされる。ちなみに、日本国憲法92条には、「地方公共団体の組織及び運営に関する事項は、地方自治の本旨に基いて、法律でこれを定める」とされているが、この「地方自治の本旨」には、団体自治と住民自治の二つの意味が込められていると解釈されている。すなわち、日本の地方自治では、団体自治と住民自治の両方が、不可分の要素とされているのである。

（2）日本の地方自治制度

　日本の地方自治制度にはいくつかの特色がある。中央—地方関係については、次項で取り上げるので、その他の特色について述べていくことにしよう。

　まず述べねばならないのは、**基礎自治体**としての市町村と、**広域自治体**としての都道府県の、二層制である点である。日本では、包括的な権限が地方自治体に付与されているのだが、住民により身近な課題については市町村が、広域的な施策が必要とされる課題については都道府県が扱うというようにな

1.　地方自治とは　　157

っている。府県は、明治期以来存在するが、戦前までは国の出先機関としての性格が強く、知事も中央から派遣されていた。都道府県を広域自治体とする考え方は、第二次世界大戦後、1947年の地方自治法の制定により定まったのである。ただし、近年では、政令指定都市の増加により、広域自治体としての存在感の低下に悩む県もあるようである。

　自治体の長としての首長（知事、市長、町長、村長）と地方議会（都道府県議会、市町村議会）の両方が、住民による直接選挙で選ばれるという**二元代表制**がとられていることも、大きな特色である。住民の意思によって選ばれ、それぞれに正統性を有している首長と議会が、牽制しあう制度であるので、政治体制としては、アメリカの大統領制に類似している。首長は、自治体全体の行政のリーダーであり、地方政府（都道府県庁、市町村役場）を率いている。規則制定権や自治体職員の人事権なども含む、大きな権限を持っているのである。日本とは異なり、地方議会の多数派から市長が選ばれるという、議院内閣制のような制度をとっている国もある（イギリスの地方都市など）。

　日本の自治体の首長は、議会に条例案や予算案を提出する権限を持っている。また、議会は首長の不信任を議決することができる一方で、首長は議会を解散できる。これらの点ではアメリカの大統領制とは異なっており、日本の制度は、大統領制と議院内閣制の折衷型だとみなすこともできる。

　日本の制度は、二元代表制としては首長の権限が比較的強くなるように設計されているので、**首長主義**と呼ばれることもある。首長の存在感が大きいため、1960年代から70年代前半にかけて都市部を中心に活躍した革新系知事や、1990年代にめだった無党派知事、改革派知事など、既成の政党とは一線を画した政策を打ち出し、国政に影響を与える首長も出現する。

　首長の権限が比較的強いとすると、首長と同様に住民による公選で選ばれる議会の役割や権限はどうなっているのだろうか。自治体全域からただ一人選ばれる首長に対し、自治体内の地域や職能団体などを地盤として選出される地方議会の議員たちは、地域に存在する多様な利益を代表している。地域に存在する小さな問題を政治過程に載せるのが議員の役割だといえよう。さ

らに、地方議会は、自治体独自の政策を実施するための条例案が首長から提案された場合、それを審議するだけでなく、自ら条例案を立案し成立させることもできる。また、地方議会は首長や自治体職員の活動を監視する役割（行政監視・行政評価）も負っている。議会は、首長の不信任を議決し、首長を辞めさせることができるし、自治体の事務について調べたり報告を求めたりする調査権や検査権も有しているのである。

とはいえ、地方議会の存在感はあまりない。多くの議会は、積極的に政策提言や行政監視をおこなうこともなく、首長が提案する政策の追認機関になっていると批判されている。議員や議会の委員会から、政策にかかわる条例案が年間で1本も提出されない議会も珍しくはないのである。住民の関心も総じて低く、地方議会議員選挙の投票率は、低いのが普通である。存在感のなさ、関心の低さを象徴するように、近年、小規模な町や村などは、議員のなり手不足に悩んでいる。

地方自治においては、国政にはない、住民の直接の政治参加のチャンネルである**直接請求制度**が用意されている。リコール（解職請求）、イニシアティヴ（住民発案）、レファレンダム（住民投票）である。**リコール**は、首長や議員、あるいは議会が、住民の代表としてふさわしくないと住民が判断したとき、解職や解散を求める制度である。**イニシアティヴ**は、住民が望ましいと思う政策を住民自らが発案する制度、**レファレンダム**は、特定の地域の住民だけにかかわる特定の問題について、住民の意思を問うための投票をおこなう制度である。いずれも、自治体の運営に住民の意思を反映させるための直接民主政的な手法であるが、間接民主政をどのように補完すべきかについては議論もあるところである。

■■ 2. 地方分権改革 ■■

現在の世界においては、地方分権は一つの潮流である。日本もその例外ではない。現在の日本の地方政治を知る上で欠かすことができない、地方分権

改革について取り上げることにしよう。

（1）日本の中央―地方関係

　明治政府によって形成された日本の地方制度は、きわめて中央集権的であった。廃藩置県によって藩を廃止して、代わりに府や県が設置され、その下には郡や市町村が設置された。それぞれに地方議会が置かれるなど、形式的には地方自治の体制を整えたが、府県の知事や郡長は内務省から派遣された官僚であり、府県や郡は国の下級機関としての性質が強かった。また、市町村は府県や郡の監督下にあるとされ、権限も限定されていた。大正期に一時的に地方自治拡大の動きがあったものの、昭和に入ると戦時体制への移行のため、地方への中央からの統制は再び強化されたのであった。

　第二次世界大戦後、連合国の占領下の日本で、連合国軍総司令部（GHQ）は、日本の民主化の一環として地方分権を推進しようとした。そこで、日本国憲法に地方自治を明記した上で、1947年には地方自治法が施行された。そして、①都道府県を完全な自治体として規定し、②都道府県知事や市町村長などは住民の投票による公選制とし、③地方行政、警察行政など内政一般にかかわる行政の中心であり、府県知事の人事権を握っていた内務省を解体し、④警察や教育などの分野を地方に移管する、などが定められた。これらによって、戦前の中央集権的な中央―地方関係は大きく変化し、制度的には地方自治が強化されたのである。

　とはいえ、現実には、従来の中央集権的な地方行政体制は消滅したわけではなく、根強く存続していた。その典型が、**機関委任事務**である。機関委任事務とは、本来は国が執行すべき事務を、地方自治体に実施を代行させるという制度である。機関委任事務においては、自治体の首長は、国の行政機関の地方機関と位置づけられ、国の監督下に置かれ、国から委託された事務を執行する存在になる。地方議会は、国の事務には口をはさめないので、これに関しては議会によるチェックもきかないのである。

　財政面でも、地方の自立性は低かった。GHQは、市町村の財政の基盤強

160　　第12章　地方自治

化をめざしたが、中央官庁の反発が強く実現しなかった。結果として、地方自治体は、必要な行政サーヴィスを実施するための予算のごく一部しか独自財源を確保することができず、それ以外は国からの**地方交付税**や**国庫支出金**（国庫補助負担金など）に依存した。財政面でも、地方は中央のコントロールを受けていたのであり、この状態は「**三割自治**」と揶揄されたのであった。

　戦後、GHQが主導した地方分権化は、占領が終了し、日本が再び独立を取り戻した後の中央からの巻き返しによって、中途半端なかたちとなった。とはいえ、結局のところ存続した中央集権的な体制が、日本の戦後復興や経済成長に寄与する面が大きかったのも否定できない。

（2）地方分権改革

　地方分権が再び脚光をあびるようになったのは、高度経済成長時代から低成長時代に入り、それまでのシステムの行きづまりが指摘されるようになってからである。まず顕在化したのが、地方の疲弊である。若い世代を中心にした地方から中央への人口の移動、それにともなう農業など地方の産業の担い手不足、一方での都会の過密化、それに追い打ちをかけたのが、少子高齢化の進行である。このような事態は、中央主導の政策立案から、地方の実情を踏まえた、政策立案と政策実施の体制を整備する必要性を認識させることになった。中央における縦割り行政への批判も、地方分権路線を後押しした。また、社会の成熟にともない、人々のニーズが多様化したことも、地方レベルでのきめ細かい対応を求める声につながった。

　そこで、1990年代から2000年代前半にかけて進行したのが、**第一次地方分権改革**である。国会での改革への機運の高まりにより、1995年に、地方分権推進法が制定され、地方分権推進委員会が発足した。委員会の勧告を踏まえて地方分権一括法（1999年）が成立し、ながらく中央集権的な地方行政の象徴とされてきた機関委任事務の廃止が決定された。自治体の事務は、地方自治体が独自におこなう**自治事務**と、国から地方に実施を委託する**法定受託事務**に分けられた。法定受託事務においては、国と地方に上下関係はないとさ

2. 地方分権改革　　161

れたこと、また国の関与も、法律で定められた限度内にとどめなくてはならないとされたことは、画期的であった。自治体の議会の条例制定権も拡大し、自治体の自己決定の範囲は拡大した。

さらに、小泉純一郎内閣（2001～6年）時代には、「**三位一体の改革**」と呼ばれる、財政面での改革も進められた。これは、地方への税源移譲、補助金改革、地方交付税改革を一体として解決することをめざす改革である。国から地方へ税源を移し、「三割自治」の解消をはかる一方で、国庫補助負担金を削減し、地方交付税を抑制することで、国から地方への資金の流れをしぼり込み、国の財政赤字の軽減も狙ったものであった。この改革については、税源の移譲が十分には進んでいないため、かえって財政難に悩む自治体を生み出しているとの批判もある。

また、地方分権改革と並行して、「**平成の大合併**」と呼ばれる大規模な市町村合併も進められた。基礎自治体の合併としては、明治、昭和につづく、3回目の大合併であり、これによって、大合併前には3200を超えていた市町村が、2017年4月時点では1718まで減少した。

合併推進の理由として挙げられたのは、地方分権によって拡大する地方自治体の権限にふさわしい、より規模の大きな自治体が必要であるということであった。また、国と地方の財政が悪化するなかで、合併によって自治体の財政を安定化させることも目的の一つとされた。合併した場合には合併特例債などによる財政支援がおこなわれたこともあって、合併を選ぶ自治体が多かったが、デメリットに着目して合併を選ばなかった自治体も存在した。

自治体の規模に関しては、現在の都道府県に代わるさらに広域の自治体としての州（北海道は「道」）を置くという、**道州制**の構想も存在している。現在の都道府県を10程度の州・道に再編し、国から大規模に権限を委譲するという構想であるが、実現の可能性はあまり高くはないようである。

2007年以降は、**第二次地方分権改革**が進められている。第二次地方分権改革では、国から自治体への義務づけ・枠づけの見直しが進められた。これにより、自治体の裁量の範囲が広がり、条例によって独自の基準を設けたりす

ることが可能になった。また、これまで国がおこなってきた事務や権限の一部が自治体に委譲され、自治体がより総合的な行政サーヴィスをおこなうことができる条件の整備がはじまった。

コラム：スター知事？

　「三割自治」と揶揄される割には、地方の首長、とりわけ知事にはスターが多い。2008年から2015年まで大阪府知事、大阪市長を務めた橋下徹、2016年に東京都知事に当選し、2017年には国政にも影響を与えた小池百合子は記憶に新しいが、「スター知事（市長）」は枚挙にいとまがない。

　1960〜70年代にかけて登場した東京都の美濃部亮吉知事や、横浜市の飛鳥田一雄市長ら革新系知事（市長）は、市民運動や住民運動が高揚した時代に、福祉や環境の重視を訴えて人気を博し、国とは一線を画した政策を展開した。その後、官僚出身の保革相乗り知事がつづく時期を経て、1990年代には、タレントから国会議員に転じた青島幸男と横山ノックが、既成の政治家に反発する無党派層の支持を集め、それぞれ東京都知事と大阪府知事に当選した。また、この時代には、宮城県の浅野史郎や三重県の北川正恭のように、新しい中央—地方関係や行政と住民の新しい関係の構築をめざした改革派知事も出現している。改革派知事は、スターと呼ぶには地味ではあるが、北川知事が提唱した「マニフェスト」は、国政でも一時ブームとなった。

　知事などの首長は、大統領と首相を合わせたような大きな権限を持っている。東京都ともなれば、中規模の国に匹敵するほどの財政規模があるという。発信力にたけたスター知事は、メディアが好む素材でもあり、人々の注目度も高い。スター知事の国政への影響力は、今後も注目されるところである。

（3）住民参加の地方自治

　国レベルの地方分権が、掛け声の大きさとは裏腹に実質的な地方分権にはつながらない一方で、地方発の地方自治拡大の動きも存在している。たとえば、情報公開、オンブズマン制度、外国人の政治参加など、住民の政治参加を後押しするための制度の整備では、地方が国に先行している。1982年に日

本で最初に情報公開制度を制定したのは山形県金山町であった。また、1990年に市民オンブズマン条例を作ったのは神奈川県川崎市である。川崎市は、外国人市民代表者会議も設置している。地域の問題について住民の直接投票を求める制度である住民投票も、地方ではしばしばおこなわれてきた。

　第一次地方分権改革、第二次地方分権改革によって、自治体の条例制定権が拡大し、行政における自治体の裁量の範囲が拡大したことは、地方の動きを活発化させた。自治体の憲法とも呼ぶべき**自治基本条例**やまちづくり条例などは、住民の参加により地方自治を活性化させようという試みである。常設型の住民投票条例を設け、自治体の重大問題については常に住民投票をおこなえるようにした自治体も増えている。住民投票の投票資格は自治体の裁量で決めることができるので、外国人や中学生の投票を認めた例もある。

　また、活動が低調であると批判されている地方議会の改革に、自主的に取り組む自治体も存在している。地方議会の活性化を目的にした**議会基本条例**を制定した自治体がある。夜間や土日の議会開催や、議会報告会の開催などで住民の関心を高めようとしたり、年間を通して議会を開催する通年会期制を導入したり、議員の通信簿をつけて議員活動を検証したり、様々な試みもなされているのである。

　地方自治は、人々にとって身近に存在する政治の場である。普段はあまり気にとめないが、身近であるがゆえに、そのよしあしを住民は自らの問題として実感することができるはずである。その意味で、地方自治は、「民主主義の最良の学校」なのである。政治という言葉を聞いた時、ともすれば国政を思い浮かべがちであるが、地方政治、地方自治の重要性は強調しても強調しすぎることはないといえよう。

（甲斐　祥子）

引用・参考文献

[各章共通の概説書・入門書]

阿部齊・久保文明・山岡龍一『改訂新版政治学入門』放送大学教育振興会、2003年。

飯尾潤『現代日本の政治』放送大学教育振興会、2015年。

伊藤光利編『ポリティカル・サイエンス事始め［第3版］』有斐閣、2009年。

岡崎晴輝・木村俊道編『はじめて学ぶ政治学——古典・名著への誘い——』ミネルヴァ書房、2008年。

苅部直・宇野重規・中本義彦編『政治学をつかむ』有斐閣、2011年。

甲斐祥子『［新2版］現代政治のナビゲーター』北樹出版、2014年。

加藤秀治郎『政治学［第2版］』芦書房、2006年。

川出良枝・谷口将紀編『政治学』東京大学出版会、2012年。

木寺元編『政治学入門』弘文堂、2016年。

久保文明編『アメリカの政治［新版］』弘文堂、2013年。

久米郁男・川出良枝・古城佳子・田中愛治・真渕勝『政治学［補訂版］』有斐閣、2011年。

小林良彰・河野武司・山岡龍一『新訂政治学入門』放送大学教育振興会、2007年。

佐藤史郎・上野友也・松村博行『はじめての政治学［第2版］』法律文化社、2017年。

砂原庸介・稗田健志・多湖淳『政治学の第一歩』有斐閣、2015年。

永山博之・富崎隆・青木一益・真下英二『政治学への扉』一藝社、2016年。

堀江湛編『政治学・行政学の基礎知識［第3版］』一藝社、2014年。

吉野孝・谷藤悦史・今村浩編著『政治を学ぶための基礎知識　論点　日本の政治』東京法令出版、2015年。

[第1章]

川崎修・杉田敦編『現代政治理論　新版』有斐閣、2012年。

杉田敦『政治的思考』岩波新書、2013年。

マックス・ウェーバー、濱嶋朗訳『権力と支配』講談社学術文庫、2012年。

ミシェル・フーコー、田村俶訳『監獄の誕生——監視と処罰——』新潮社、1977年。

[第2章]

佐々木毅『民主主義という不思議な仕組み』ちくまプリマー新書、2007年。

佐々木毅・鷲見誠一・杉田敦『西洋政治思想史』北樹出版、1995年。

アリストテレス、村川堅太郎訳『アテナイ人の国制』岩波文庫、1980年。

アリストテレス、山本光雄訳『政治学』岩波文庫、1961年。

ヨーゼフ・シュムペーター、中山伊知郎・東畑精一訳『資本主義・社会主義・民主主義』東洋経済新報社、1995年。

ロバート・A. ダール、高畠通敏・前田脩訳『ポリアーキー』三一書房、1981年。

トクヴィル、松元礼二訳『アメリカのデモクラシー　第1巻（上・下）、第2巻（上・下）』岩波文庫、2005〜8年。

プラトン、藤沢令夫訳『国家（上・下）』岩波文庫、1979年。

水島治郎『ポピュリズムとは何か——民主主義の敵か、改革の希望か』中公新書、2016年。

ジョン・ステュアート・ミル、塩尻公明・木村健康訳『自由論』岩波文庫、1971年。

アレンド・レイプハルト、粕谷祐子・菊池啓一訳『民主主義対民主主義——多数決型とコンセンサス型の36カ国比較研究［原著第2版］』勁草書房、2014年。

ジョン・ロック、加藤節訳『完訳　統治二論』岩波文庫、2010年。

［第3章］

五十嵐武士・古矢旬・松本礼二編『アメリカの社会と政治』有斐閣、1995年。

大石眞・久保文明・佐々木毅・山口二郎編著『首相公選を考える——その可能性と問題点』中公新書、2002年。

大山礼子『フランスの政治制度［改訂版］』東信堂、2013年。

粕谷祐子『比較政治学』ミネルヴァ書房、2014年。

川人貞史『議院内閣制』東京大学出版会、2015年。

久保慶一・末近浩太・高橋百合子『比較政治学の考え方』有斐閣、2016年。

久保文明・砂田一郎・松岡泰・森脇俊雅『アメリカ政治［第3版］』有斐閣、2017年。

建林正彦・曽我謙悟・待鳥聡史『比較政治制度論』有斐閣、2008年。

馬場康雄・平島健司編『ヨーロッパ政治ハンドブック［第2版］』東京大学出版会、2010年。

A. ハミルトン・J. ジェイ・J. マディソン、斎藤眞・中野勝郎訳『ザ・フェデラリスト』岩波文庫、1999年。

待鳥聡史『代議制民主主義——「民意」と「政治家」を問い直す』中公新書、2015年。

［第4章］

川人貞史・吉野孝・平野浩・加藤淳子『現代の政党と選挙［新版］』有斐閣、2011年。

山田真裕『政治参加と民主政治』東京大学出版会、2016年。

アンソニー・ダウンズ、吉田精司監訳『民主主義の経済理論』成文堂、1980年。

ジャン＝ジャック・ルソー、井上幸治訳『社会契約論』中公文庫、1974年。

成田憲彦「選挙制度変遷」『アエラムック　新版政治学がわかる』朝日新聞社、2003年。

[第5章]

池谷知明・河崎健・加藤秀治郎編著『新西欧比較政治』一藝社、2015年。

川人貞史・吉野孝・平野浩・加藤淳子『現代の政党と選挙［新版］』有斐閣、2011年。

佐々木毅・鷲見誠一・杉田敦『西洋政治思想史』北樹出版、1995年。

待鳥聡史『政党システムと政党組織』東京大学出版会、2015年。

ジョヴァンニ・サルトーリ、岡沢憲芙・川野秀之訳『現代政党学——政党システム論の分析枠組み［普及版］』早稲田大学出版会、2000年。

モーリス・デュベルジェ、岡野加穂留訳『政党社会学——現代政党の組織と活動』潮出版社、1970年。

[第6章]

阿部齊・久保文明『国際社会研究 I　現代アメリカの政治』放送大学教育振興会、2002年。

伊藤光利・田中愛治・真渕勝『政治過程論』有斐閣、2000年。

久保文明『現代アメリカ政治と公共利益——環境保護をめぐる政治過程』東京大学出版会、1997年。

ジェームズ・スミス、長谷川文雄ほか訳『アメリカのシンクタンク——大統領と政策エリートの世界』ダイヤモンド社、1994年。

辻中豊『利益集団』東京大学出版会、1988年。

宮田智之『アメリカ政治とシンクタンク——政治運動としての政策研究機関』東京大学出版会、2017年。

マンサー・オルソン、依田博・森脇俊雅訳『集合行為論——公共財と集団理論』ミネルヴァ書房、1996年。

[第7章]

浅野一郎・河野久編著『新・国会事典［第3版］』有斐閣、2014年。

池谷知明・河崎健・加藤秀治郎編著『新西欧比較政治』一藝社、2015年。

大山礼子『比較議会政治論——ウェストミンスターモデルと欧州大陸型モデル』岩波書店、2003年。

大山礼子『日本の国会——審議する立法府へ』岩波新書、2011年。

川人貞史『議院内閣制』東京大学出版会、2015年。

小堀眞裕『ウェストミンスター・モデルの変容——日本政治の「英国化」を問い直す』法

律文化社、2012年。

小堀眞裕『国会改造論　憲法・選挙制度・ねじれ』文春新書、2013年。

竹中治堅『参議院とは何か　1947～2010』中央公論新社、2010年。

野中尚人・青木遥『政策会議と討論なき国会　官邸主導体制の成立と後退する熟議』朝日
　　新聞出版、2016年。

［第8章］

大山礼子『フランスの政治制度［改訂版］』東信堂、2013年。

辻村みよ子『ポジティヴ・アクション──「法による平等」の技法』岩波新書、2011年。

西川敏之『現代イギリスの選挙政治』啓文堂、2005年。

早川誠『代表制という思想』風行社、2014年。

林芳正・津村啓介『国会議員の仕事──職業としての政治』中公新書、2011年。

山崎望・山本圭編『ポスト代表制の政治学　デモクラシーの危機に抗して』ナカニシヤ出
　　版、2015年。

山下茂『フランスの選挙──その制度的特色と動態の分析』第一法規出版、2007年。

ジャン＝ジャック・ルソー、井上幸治訳『社会契約論』中公文庫、1974年。

マックス・ヴェーバー、脇圭平訳『職業としての政治』岩波文庫、1980年。

［第9章］

飯尾潤『日本の統治構造──官僚内閣制から議院内閣制へ』中公新書、2007年。

岩崎正洋『比較政治学入門』勁草書房、2015年。

川人貞史『議院内閣制』東京大学出版会、2015年。

久保文明・砂田一郎・松岡泰・森脇俊雅『アメリカ政治［第3版］』有斐閣、2017年。

高安健将『首相の権力──日英比較からみる政権党とのダイナミズム』創文社、2009年。

近藤康史『分解するイギリス──民主主義モデルの漂流』ちくま新書、2017年。

建林正彦・曽我謙悟・待鳥聡史『比較政治制度論』有斐閣、2008年。

中北浩爾『自民党──「一強」の実像』中公新書、2017年。

待鳥聡史『首相政治の制度分析──現代日本政治の権力基盤形成』千倉書房、2012年。

待鳥聡史『アメリカ大統領制の現在──権限の弱さをどう乗り越えるか』NHK出版、2016
　　年。

［第10章］

飯尾潤『日本の統治構造──官僚内閣制から議院内閣制へ』中公新書、2007年。

伊藤正次・出雲明子・手塚洋輔『はじめての行政学』有斐閣、2016年。

建林正彦・曽我謙悟・待鳥聡史『比較政治制度論』有斐閣、2008年。

土岐寛・平石正美・外山公美・石見豊『現代行政のフロンティア』北樹出版、2007年。

中北浩爾『自民党──「一強」の実像』中公新書、2017年。

西尾勝『行政学　新版』有斐閣、2001年。

真渕勝『官僚　社会科学の理論とモデル8』東京大学出版会、2010年。

マックス・ウェーバー、濱嶋朗訳『権力と支配』講談社学術文庫、2012年。

［第11章］

蒲島郁夫・竹下俊郎・芹川洋一『メディアと政治［改訂版］』有斐閣、2010年。

谷口将紀『政治とマスメディア』東京大学出版会、2015年。

津田大介・日比嘉高『「ポスト真実」の時代　「信じたいウソ」が「事実」に勝る時代をど
　　う生き抜くか』祥伝社、2017年。

星浩・逢坂巌『テレビ政治──国会報道からTVタックルまで』朝日新聞社、2006年。

薬師院仁志『ポピュリズム　世界を覆い尽くす「魔物」の正体』新潮新書、2017年。

サミュエル・ポプキン、蒲島郁夫・谷口将紀編『メディアが変える政治』東京大学出版会、
　　2008年。

ポール・F・ラザースフェルド、バーナード・ベレルソン、ヘーゼル・ゴーデット、有吉
　　広介監訳『ピープルズ・チョイス──アメリカ人と大統領選挙──』芦書房、1987年。

［第12章］

相川俊英『地方議会を再生する』集英社新書、2017年。

礒崎初仁・金井利之・伊藤正次『ホーンブック地方自治［第3版］』北樹出版、2014年。

伊藤正次・出雲明子・手塚洋輔『はじめての行政学』有斐閣、2016年。

今井照『地方自治講義』ちくま新書、2017年。

笠原英彦・桑原英明編著『日本の政治と行政［改訂版］』芦書房、2015年。

土岐寛・平石正美・外山公美・石見豊『現代行政のフロンティア』北樹出版、2007年。

ジェームズ・ブライス、松山武訳『近代民主政治　第1巻』岩波文庫、2000年。

引用・参考文献

あ と が き

　本書は、政治学の入門書として企画されたものである。政治学を学びはじめようとする若い人たち、政治について知りたいと考えている人たちに、手に取っていただければ幸いである。

　本書の前身となる『現代政治のナビゲーター』が刊行されたのは、2009年であった。それから9年の間に、日本も世界も様々な面で大きく変化したが、経済・社会の変容に、政治は対応策を見出しあぐねているように見える。このような時代において、政治についてあらためて問い直す場が必要ではないかと考えていたところへ、最新のアメリカ政治にも通じた共著者を得ることができ、この度、前著の内容を刷新し、『政治学のナビゲーター』を上梓する運びとなった。政治とは何か、民主主義と自由主義、政治制度、執政、地方自治の項目をあらたに加え、有権者と選挙、政党、利益団体、議会、官僚制、マスメディアについては、新しい知見も加えて稿をあらためた。政治学の基礎的な概念や思想から、アメリカ政治の新潮流に至るまで、読者の多様な関心にこたえつつ、政治の世界の入り口への道案内をすることができるのではないかと思う。

　政治学の入門書としての本書は、言うまでもなく、多くの先学の業績の上になり立っている。深い敬意と感謝の念を表するものである。また、北樹出版の福田さんには、前著と同様に、適切なアドヴァイスと励ましをいただいた。厚く御礼申し上げる。そして最後に、政治について学びたいという意欲にあふれた学生諸君にも感謝したい。彼らは、筆者が投げかける様々な問いに、時には言葉につまりながらも真摯に向きあい答えてくれた。若い人々の素直な意見や感想は、常に筆者のインスピレーションの源である。

　　　2018年2月

執筆者を代表して

甲斐　祥子

事 項 索 引

あ 行

アカウンタビリティ　22
圧力団体　69
アテネの民主政　14
アナウンスメント効果　144
アリーナ型議会　86
委員会中心主義　87, 90
移譲式　45
一党制　62
一党優位政党制　62
一票の格差　42, 46
イニシアティヴ　159
イメージ選挙　51
ウェストミンスター型（ウェストミンスター・
　モデル）　87, 111
英米型　156
エージェンシー・スラック　51, 97
エリー調査　142
欧州大陸型（コンセンサス・モデル）　87
オピニオンリーダー　142
穏健な多党制　62
オンブズマン　136

か 行

概括授権方式　156
会期不継続の原則　91
下院　88
カリスマ的支配　6, 126
カルテル政党　58
関係説　5
間接政党　57
間接民政　15, 83
官邸主導　93
幹部政党　57
涵養効果　143
官僚制　126
　——の逆機能　127

議員提出法案　91
議院内閣制　26, 112
議会基本条例　164
議会主権　15, 83
議会政党　60
議会制民主主義（代表制民主主義）　12, 15
機関委任事務　160
記者クラブ　150
基礎自治体　157
議題設定機能　143
基本的人権　17
強制　73
行政　24
行政国家化　125
行政部形成・統制　86
業績投票　50
供託金制度　105
業績評価　35
強力効果論　142
共和　16
拒否権　29
規律権力（規律訓練権力）　8
近代的政党　57
クオータ制　100
クライエンテリズム　56
経済的自由主義　17
ゲートキーパー　153
牽引型　118
原子化政党制　62
現代的無関心層　48
限定効果論　142
権力　4
権力分立　7, 25
コアビタシオン（保革共存政権）　31
広域自治体　157
後援会　65
公共利益団体（価値推進団体）　70

索　引　171

公職選挙法　47
合法的支配　6, 126
公民権運動　37
功利主義　84
国士型官僚　130
国民主権　9
国民代表　97
55年体制　64
個人後援会　105
国会　84
国会審議活性化法　93
国家権力　6
国庫支出金　161
混合制　45
コンセンサス型民主主義　23

さ　行

参加民主主義論　22
参議院　90
参政権　34
三位一体の改革　162
三割自治　161
資格任用制（メリット・システム）　128
自治基本条例　164
自治・自己統治　12
自治事務　161
執政制度　110
実体説　5
私的所有権　17
支配の正統性　6
司法　24
市民的公共性　22
社会契約説　15, 17
社会的亀裂　63
衆議院　90
集合行為問題　73
自由選挙　42
住民自治　157
自由民主主義（リベラル・デモクラシー）　16
熟議　107

熟議民主主義論　22
首相公選制　32
首相―大統領制型　31
首長主義　158
上院　88
消極的自由　18
小選挙区　44
小選挙区制　121
小選挙区比例代表並立制　45, 65, 121
情報公開制度　135
女性の参政権　38
庶民院　83
シンクタンク　78
新効果論（中効果論）　142
人民主権　83
人民主権論　15
スピンドクター　148
制限選挙　36
制限列挙方式　156
政策会議　93
政策形成機能　55
政策投票　50
政治化　4
政治家リクルートメント　55
政治教育機能　55, 71
政治・行政改革　121
政治資金規正法　106
政治的起業家　74
政治の社会化　56
政治的有効感覚　50
政治任用制（自由任用制）　79, 128
政治の「大統領制化」　112
政党帰属意識　50
政党交付金　58
政党助成制度　121
政党制（政党システム）　61
正統性　126
正統性付与　35
政党離れ　66
世襲　105

積極的格差是正措置　100
積極的自由　18
説明責任（アカウンタビリティ）　22
選挙権（参政権）　34
選挙人　28
選挙―プロフェッショナル政党　58
選択的誘因　73
争点（イシュー）ネットワーク　78
族議員　120

た　行

第一院（下院）　88
第一次地方分権改革　161
代議制民主主義　12
第三者効果　143
大衆政党　57
大選挙区　44
大選挙区制　120
大統領―議院内閣制型　31
大統領制　28, 114
第二院（上院）　88
第二次地方分権改革　162
代表　84, 96
代表制民主主義　12, 15
代理議員　100
大陸型　156
代理人　97
多元主義　76
多数決　13
多数決型民主主義　23
多数代表制　44
単一争点政党　67
団体自治　157
地域代表　97
地方公共団体　155
地方交付税　161
地方自治　156
地方自治体　155
中央省庁等改革　122
中間集団　55

中効果論　142
中選挙区　44
中選挙区制　64, 120
頂上団体　77
調整型　118
調整型官僚　130
重複立候補制　45
直接請求制度　159
直接選挙　42
直接民主政　14
沈黙の螺旋　143
通常国会　90
通年会期制　91
強い参議院　95
敵対的メディア認知　144
鉄の三角形　77, 132
デモクラシー　13
デュベルジェの法則　63
伝統的支配　6, 126
伝統的無関心層　48
道州制　162
当選モチベーション　102
特別国会　90

な　行

内閣提出法案　27, 91
内閣不信任　85
ナショナル・ミニマム　19
二院制　88
二元代表制　158
二大政党制　62
ネオ・コーポラティズム　76
ネオ・リベラリズム　19
ネガティヴ・キャンペーン　147
年間複数会期制　91

は　行

バッファープレイヤー　145
派閥　61, 119
半大統領制　30

索　引　173

被選挙権　41
秘密選挙　42
平等選挙　42
比例代表制　44
フェイクニュース　147
福祉国家　18
普通選挙　36, 42
プライミング効果　143
フリーライダー　73
プリンシパル＝エージェントモデル（本人＝代理人関係）　97
フレーミング効果　143
分割政府　29, 114
分極的多党制　62
平成の大合併　162
ヘゲモニー政党制　62
変換型議会　86
包括政党　58
法治主義　7
法定受託事務　161
報道の自由・表現の自由　141
法の支配　7
細川政権　65
本会議中心主義　87
本人　97

ま　行
民主主義　11
無党派　67

明示的権力　8
名望家政党　57
メディア規制　147
黙示的権力　8

や・ら行
与党事前審査　93, 120
予備選挙　99
リーダーシップ　111
吏員型官僚　130
利益集約機能　55, 71
利益団体　69
利益表出機能　55, 71
利益表出・利益伝達　35, 43
利益誘導・利益配分　66
リコール　159
立憲主義　7
立法　24
立法権　85
立法府　85
リバタリアニズム　19
良識の府　95
臨時国会　90
列国議会同盟　100
レファレンダム　159

IPU　100, 105
NPM　137

人 名 索 引

アリストテレス　14
ヴェーバー，マックス　6, 57, 108, 126
サルトーリ，ジョヴァンニ　61
シュンペーター，ヨーゼフ　21
ダール，ロバート　22
ダウンズ，アンソニー　48
デュベルジェ，モーリス　57

トクヴィル，アレクシス・ド　16
バーク，エドマンド　54, 98
フーコー，ミシェル　8
プラトン　14
ホッブス，トマス　15
マートン，ロバート　127
ミル，ジョン・ステュアート　18, 38

174

モンテスキュー, シャルル・ド　25
ラザースフェルド, ポール　142
リンカーン　12
ルークス, スティーヴン　8

ルソー, ジャン＝ジャック　15, 83, 96
レイプハルト, アレンド　23
ロールズ, ジョン　19
ロック, ジョン　15, 16

著者紹介

甲斐　祥子（かい　しょうこ）

1957年生まれ。
東京大学教養学部教養学科卒業。
早稲田大学大学院文学研究科（西洋史）博士後期課程単位取得退学。
現在、帝京大学法学部教授。
主な著書・論文に『現代政治のナビゲーター』（北樹出版、2009年）、『「ヨーロッパ」の歴史的再検討』（共著、早稲田大学出版部、2000年）、「選挙制度改革の夢は潰えたか──2011年イギリス国民投票を巡って──」『帝京法学』第28巻第1号（2012年）、「投票価値の平等を求めて──イギリス議会下院の議員定数及び選挙区改定──」『帝京法学』第28巻第2号（2013年）。

宮田　智之（みやた　ともゆき）

1975年生まれ。
慶應義塾大学大学院法学研究科後期博士課程単位取得退学。
在米日本大使館専門調査員、東京大学アメリカ太平洋地域研究センター助教、日本国際問題研究所研究員等を経て、
現在、帝京大学法学部准教授。博士（法学）。
主な著書・論文に、『アメリカ政治とシンクタンク──政治運動としての政策研究機関』（東京大学出版会、2017年）、『アメリカ政治の地殻変動──分極化の行方』（共著、東京大学出版会、2021年）、『トランプ政権の分析──分極化と政策的収斂の間』（共著、日本評論社、2021年）。

政治学のナビゲーター

2018年 4 月20日　初版第 1 刷発行
2022年 4 月10日　初版第 4 刷発行

著　者　甲斐　祥子
　　　　宮田　智之

発行者　木村　慎也

・定価はカバーに表示　　印刷　恵友社／製本　川島製本

発行所　株式会社　北樹出版

〒153-0061　東京都目黒区中目黒1-2-6
URL:http://www.hokuju.jp
電話(03)3715-1525(代表)　FAX(03)5720-1488

©Shoko Kai & Tomoyuki Miyata 2018, Printed in Japan
ISBN978-4-7793-0573-3
（落丁・乱丁の場合はお取り替えします）